Computer Bild

Prinz & Müller

Internet für Silver Surfer

ullstein

1 Einstieg · Auf ins Internet · 6

2 Informieren · Nachrichten aus dem Internet · 24

3 Kommunizieren · In Verbindung bleiben · 36

4 Soziale Netze · Alte und neue Freunde finden · 57

5 Unterhaltung · Hörgenuss, Filmvergnügen und Lesespaß · 72

6 Einkaufen · Alles, was man braucht · 92

7 Reisen — In die Ferne schweifen 112

8 Geldgeschäfte — Was kostet die Welt? 126

Anhang 133

Zu diesem Buch

Silver Surfer sind keine Randgruppe im Internet, sondern die grauen Eminenzen. Und das wundert nicht, bietet das Internet doch die weiträumige Beweglichkeit, die man im Alter bisweilen vermisst. Dass sich zudem die eigenen Kinder und auch die Enkel im Internet tummeln, steigert die Attraktivität. Nie zuvor war es so einfach, generationenübergreifend den ständigen Kontakt zu halten, wie per E-Mail und in sozialen Netzwerken.

Dienste wie Facebook und Twitter halten über alles auf dem Laufenden, was im Familien- und Bekanntenkreis geschieht. Und dabei können Sie als stiller Teilhaber nicht nur mitlesen – nein, Sie können auch direkt ins Geschehen eingreifen und alle wissen lassen, was Sie tun und wie es Ihnen geht. Diese aktive Teilnahme am Internet kann den Bekanntenkreis rasch erweitern, und oft findet sich sogar der eine oder andere Freund vergangener Zeiten, der längst verschollen schien.

Selbst wenn Sie sich beim Umgang mit Tastatur und Maus nicht zu den Champions zählen, erweist sich das Internet als Kommunikationskanal erster Klasse: Skype bietet nicht nur das größte Telefonnetzwerk im Internet, Sie können es sogar gratis nutzen. Skype-Teilnehmer sprechen über den PC miteinander kostenlos, gleichgültig wie weit der Anruf um die Welt geht.

Das Internet ist beileibe nicht unpersönlich, sondern ein praktisches Mittel zum (kommunikativen) Zweck. So erfahren Sie in diesem Buch unter anderem, wie Sie Reisen buchen, um Ihre Lieben andernorts zu treffen, aber auch, wie Sie das Internet mit Nachrichten aus aller Welt versorgt. Sie können einkaufen oder sich Unterhaltung – Radio, Musik oder Videos – sekundenschnell ins Haus liefern lassen. All das vermittelt dieses Buch in den gewohnt einfachen Schritt-für-Schritt-Anleitungen von COMPUTER BILD. Steigen Sie also ein, und vertiefen Sie auch mit den anderen Büchern dieser Reihe Ihr Wissen, ohne Fachchinesisch und ohne technische Hürden: einfach mit voller Kraft ins Internet.

1 Auf ins Internet

Früher oder später ist er da, der große Tag: Sie haben einen PC oder ein Laptop gekauft, ausgepackt und angeschlossen. Ihr Händler, Ihr Netzanbieter, Ihre Telefongesellschaft oder ein guter Bekannter hat Ihre Verbindung zum Internet aufgebaut, eingerichtet und getestet: Alles funktioniert einwandfrei – und nun sitzen Sie allein vor dem Rechner und wollen die ersten Schritte ins weltumspannende Internet unternehmen. Das allerdings stellt sich womöglich schwieriger dar, als es zunächst den Anschein hatte. Doch keine Sorge: Im Folgenden werden Sie sehen, dass Ihr Aufenthalt in der virtuellen Welt von Anfang an gar nicht so schwer ist.

Im ersten Kapitel dieses Buches erfahren Sie,
● wie Sie den Microsoft Internet Explorer starten,
● wie Sie eine Seite im Internet aufrufen,
● wie Sie Ihre persönliche Startseite einrichten,
● wie Sie besuchte Seiten wiederfinden,
● wie Sie Internetseiten zu Ihrer Favoriten-Liste hinzufügen
● und wie Sie sich vor Computerviren schützen.

Kapitel-Wegweiser

Eine Internetseite aufrufen

Das Internet, so groß es auch sein mag, ist zunächst einmal nichts anderes als eine Ansammlung von Dateien, die wie Text- oder Bilddateien gespeichert sind - allerdings nicht auf Ihrer Festplatte, sondern auf irgendeinem anderen Computer irgendwo auf der Welt. Genauso wie die Text- oder Bilddateien auf Ihrem Computer sind auch die Dateien im Internet in einem bestimmten Format gespeichert – im sogenannten „**HTML**-Format". Und genauso wie Sie ein Text- oder Bildprogramm benötigen, um Ihre Text- und Bilddateien ansehen zu können, brauchen Sie ein Programm, um die HTML-Dateien des Internets in Augenschein zu nehmen. Dieses Internetzugriffsprogramm nennt man zumeist „**Browser**" (vom englischen „to browse" = durchblättern).

Wenn Sie Ihren Rechner neu gekauft haben, so dürfte dieser aller Wahrscheinlichkeit nach mit dem aktuellen Microsoft Betriebssystem „Windows 7" und dem aktuellen Microsoft Browser, dem „**Internet Explorer** 9" ausgestattet sein.

1 Um den Browser zu starten, bewegen Sie einfach den Mauszeiger auf den unteren Bildschirmrand. Hier sehen Sie eine Reihe von Symbolen, die Windows Ihnen automatisch anbietet. Zeigen Sie mit dem Mauszeiger auf das Windows-Symbol ●,

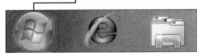

und klicken Sie es mit der linken Maustaste an. Schon öffnet sich das **Startmenü**, in dem Sie den Eintrag ●

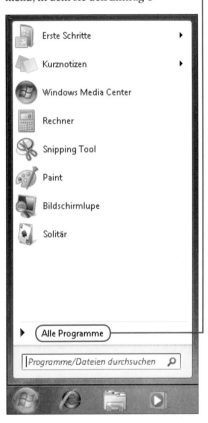

anklicken. Daraufhin öffnet sich eine Liste mit Programmen. Um eines der Programme zu starten, brauchen Sie nur das entsprechende Symbol anzuklicken.

Auch den Internet Explorer starten Sie, indem Sie mit der Maus auf

zeigen und dann klicken.

2 Windows bietet noch eine schnellere Variante, wichtige Programme zu starten. Oft ist der Internet Explorer hierfür schon eingerichtet. Schauen Sie in die **Taskleiste**, also den Bereich direkt neben dem Windows-Symbol. Wenn Sie hier ein Symbol mit einem stilisierten „e"

sehen, können Sie den Internet Explorer sofort starten, ohne das Startmenü zu öffnen. Klicken Sie einfach darauf.

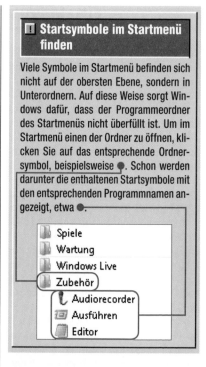

▣ Startsymbole im Startmenü finden

Viele Symbole im Startmenü befinden sich nicht auf der obersten Ebene, sondern in Unterordnern. Auf diese Weise sorgt Windows dafür, dass der Programmeordner des Startmenüs nicht überfüllt ist. Um im Startmenü einen der Ordner zu öffnen, klicken Sie auf das entsprechende Ordnersymbol, beispielsweise ●. Schon werden darunter die enthaltenen Startsymbole mit den entsprechenden Programmnamen angezeigt, etwa ●.

3 Egal, ob Sie den Internet Explorer mit der ersten oder der zweiten Methode gestartet haben: Unmittelbar danach erscheint das entsprechende **Programmfenster** auf Ihrem Bildschirm. Was Sie in diesem Fenster sehen, hängt stark davon ab, welchen Rechner Sie erworben haben oder wer Ihnen den Rechner aufgebaut und eingerichtet hat. So könnte es sein, dass Ihr Händler oder der Hersteller Ihres Computers den Browser so vorkonfiguriert haben, dass dort die Internetseite der jeweiligen Firma auftaucht. Ebenso ist es möglich, dass Sie automatisch auf einer Seite des Software-Herstellers Microsoft landen, etwa ●,

oder dass Sie einfach nur eine leere Seite sehen.

4 An dieser Stelle ist es zunächst einmal unwichtig, welche Inhalte das Browser-Fenster anzeigt. Denn Sie sollen als Erstes die Möglichkeiten kennenlernen, die der Internet Explorer Ihnen zur Bedienung des Programms bietet. Auf der linken Seite am oberen Rand des Fensters sehen Sie zwei rechteckig Flächen: Die linke davon ist die **Adresszeile**, in der Sie die Adresse der Internetseite eintippen, die Sie aufrufen wollen, hier ●. Rechts daneben wird der Name der aktuellen Seite angezeigt, etwa ●.

5 Um nun auf eine Internetseite Ihrer Wahl zu gelangen, geben Sie die Adresse der Seite, beispielsweise ●,

einfach per Tastatur in die Adresszeile ein und bestätigen Ihre Eingabe mit der ⏎-Taste. Nach wenigen Augenblicken sehen Sie die gewünschte Seite in Ihrem Explorer-Fenster. Gleichzeitig wird im **Registerreiter** die Überschrift eingeblendet, die der Anbieter dieser Seite festgelegt hat: ●.

6 Viele Internetseiten sind so umfangreich, dass sie nicht in das Anzeigefenster des Browsers passen. Dies ist auch bei der Internetseite von COMPUTER BILD der Fall. Der Inhalt dieser Seite erweitert die gedruckte Ausgabe der größten deutschen Computerzeitschrift und ist entsprechend umfassend. Damit auch die Inhalte solch großer Seiten im Rahmen des Fensters Platz finden, gibt

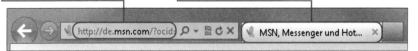

🖼 Internetseiten finden

Wenn Sie bekannte Internetseiten wie COMPUTER BILD anschauen möchten, können Sie bei der gesuchten Adresse Ihrer Intuition vertrauen. Bei verbreitungsstarken Magazinen oder großen Firmen ist es nämlich einfach der Name, gefolgt von einem Punkt und der Endung „de". Die Ergänzung am Ende einer Internetadresse, das sogenannte **Suffix**, bezeichnet entweder das Land der Internetseite (so steht etwa „de" für Deutschland, „at" für Österreich und „ch" für die Schweiz), oder es zeigt an, dass es sich um eine Internetseite mit internationalen Inhalten handelt. So sind viele Firmenseiten mit „com" (kommerzielles Angebot), Seiten von Organisationen mit „org" und Angebote aus dem Bereich der Bildung mit „edu" gekennzeichnet.

Aber selbst wenn Sie nicht wissen, wie die richtige Endung der Internetseite lautet, die Sie öffnen möchten, ist dies kein Problem. Tippen Sie einfach den Firmennamen oder ein Stichwort ins Adressfeld ein, im Beispiel ●,

> 🐾 rabatte ◀

und bestätigen Sie mit der ⏎ -Taste. Schon wird die Eingabe an eine Suchmaschine übertragen, beispielsweise Bing ● oder Google, die dann verschiedene passende Adressen zu dem Thema findet. Klicken Sie bei der Fundstelle, die Ihnen am ehesten zusagt, auf den unterstrichenen Eintrag, etwa ●.

> ← 🔵 http://www.**bing**.com/search?q=rabatte&form=
>
> Rabatt – Wikipedia
> Rabattformen · Rechtslage in Deutschland · Kritik · L
> **Rabatte** wurden in der menschlichen Handelsgesch
> verschiedenen Gründen gewährt. Wenn auch in der L
> wohl den ...
> de.wikipedia.org/wiki/Rabatt
>
> Mit Rabatt billig und günstig einkaufen au
> Ob Frühbucher-Rabatt, Auto-Rabatt oder Rabatt im S
> Gutschein, einem Rabatt-Coupon oder einem Rabatt
> sparen auf **Rabatte**.de

es sogenannte Bildlaufleisten am rechten und am unteren Bildschirmrand. Über die **Bildlaufleiste** bewegen Sie die angezeigten Inhalte im Fenster: Positionieren Sie den Mauszeiger im Bereich des Balkens auf dem Bildlauffeld ●,

klicken Sie, halten Sie die Maustaste gedrückt, und ziehen Sie die Schaltfläche mit weiterhin gedrückter Maustaste nach unten. Wie Sie sehen, wird entsprechend Ihrer Bewegung der Inhalt des Anzeigefensters verschoben: ●.

◱ Der Dreh mit dem Mausrad

Sollte Ihnen der Umgang mit der Bildlaufleiste zu umständlich sein, gibt es auch eine
einfachere Alternative: Zwischen den beiden
Tasten vieler Computermäuse findet sich ein
Drehrad ●. Solange der Mauszeiger im Browser-Fenster steht, können Sie den Inhalt der
Internetseite nach unten oder nach oben bewegen, indem Sie mit dem Finger auf dem
Rad einfach auf- und abrollen.

Auf einer Internetseite navigieren

Oft finden sich auf der Startseite nur kurze Texte, die Interesse für ausführlichere Informationen wecken sollen. Das ist dann so ähnlich wie beim Inhaltsverzeichnis eines Magazins, nur dass Sie den weiterführenden Artikel im Internet nicht über Seitenzahlen und mit Blättern erreichen, sondern mit einem Mausklick.

1 Wenn Sie einen Artikel finden, von dem Sie mehr als die Überschrift interessiert, platzieren Sie einfach den Mauszeiger auf der entsprechenden Überschrift. Daraufhin verwandelt er sich in eine Hand mit ausgestrecktem Zeigefinger ●,

> Diese Programme wollen alle
> **Die beliebtesten Downloads
> des Monats** 🖑
> Top-Software: Diese Gratis-
> Programme optimieren Ihren PC und

und oft wird der blaue Text zudem unter-

strichen dargestellt. Dies bedeutet, dass die entsprechende Zeile mit einer anderen Internetseite verbunden („verlinkt") ist und dass ein Mausklick auf diese Verknüpfung – auch Link oder **Hyperlink** genannt – die dazugehörige Internetseite öffnet. Das Einzige, was Sie dafür tun müssen, ist, die Zeile anzuklicken.

2 Auch innerhalb des nun geöffneten Artikels können sich weitere Verknüpfungen befinden, die auf verwandte Themen und weiterführende Artikel verweisen, etwa ●.

Mit jedem Download geben die COMPUTER BILI
Die Hitliste im Mai 2011 enthält viele gute Bek
Neueinsteiger. Die 50 beliebtesten Programm

Perfekt im Bilde   Gratis: W
Ein alter Bekannter ist erneut unter
die Top 20 der Charts gerutscht: dank
neuer Version kämpft sich „Ashampoo
Photo Commander 8" um fast 30
Plätze nach ob auf Position 13. Der

Per einfachem Mausklick springen Sie so immer wieder auf neue Internetseiten.

3 Wenn Sie wieder zurück zur vorigen Seite wechseln möchten, hilft Ihnen ein Klick auf den nach links weisenden Pfeil ●

oben im Browser-Fenster. Diese Schaltfläche führt Sie automatisch zur zuletzt besuchten Seite zurück. Denselben Effekt erreichen Sie, wenn Sie die ⬅-Taste auf Ihrer Tastatur nutzen.

4 Sobald Sie einen Rückschritt gemacht haben, können Sie auch den Pfeil ●

rechts daneben anwählen. Mit einem Klick darauf wechseln Sie wieder zu der Seite, die Sie *vor* dem Rückschritt besucht hatten.

5 Mitunter wäre es hilfreich, verschiedene Internetseiten gleichzeitig ge-

öffnet zu haben. Auch hier bietet der Internet Explorer eine einfache Möglichkeit. Um eine Internetseite parallel zur aktuell angezeigten Seite zu öffnen, stellen Sie den Mauszeiger auf den Link ● und klicken mit der *rechten* Maustaste. Daraufhin öffnet sich ein sogenanntes **Kontextmenü**, in dem Ihnen verschiedene Befehle angeboten werden: ●

6 Wenn Sie in diesem Kontextmenü auf den Befehl ●

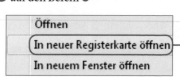

klicken, erscheint in der Menüleiste des Explorers rechts neben dem Registerreiter der angezeigten Seite, im Beispiel ●, ein neuer Registerreiter, etwa ●.

Per Klick auf diesen Registerreiter rückt die Seite, die über den Link im Kontextmenü aufgerufen wurde, in den Bildschirmvordergrund.

7 Mit einem Mausklick können Sie also zwischen den verschiedenen Registerkarten hin- und herwechseln. Eine neue Registerkarte lässt sich übrigens auch unabhängig von angebotenen Links öffnen: Jeweils rechts neben der letzten

geöffneten Registerkarte sehen Sie eine rechteckige, hellgraue Schaltfläche.

Ein Klick auf diese Schaltfläche öffnet eine neue Registerkarte,

und das Eingabefeld links neben den Registerreitern

ist bereit zur Aufnahme eine Internetadresse. Geben Sie sie ein, und bestätigen Sie mit der ⏎-Taste. Dann können Sie auch in diesem Register parallel zu den anderen Registerkarten durchs Internet surfen.

Den Internet Explorer einrichten

Nicht jede Internetseite ist so programmiert, dass sie den Bedürfnissen eines jeden Anwenders entgegenkommt: Oft genug haben die Entwickler ein Problem damit, dass auf dem Bildschirm eines Computers einfach nicht genug Platz für sämtliche Informationen ist. Leider führt dies nicht selten dazu, dass Schrift und Grafiken so weit verkleinert werden, dass kaum noch etwas zu entziffern ist.

1 Der Internet Explorer erlaubt es Ihnen, die Größe der Bildschirmdarstellung anzupassen: Rechts oben im Fenster finden Sie dazu drei Symbole: ein stilisiertes Haus, einen Stern und ganz rechts ein Zahnrad. Dieses letzte Symbol ● steht für das Menü „Extras". Wenn Sie es anklicken, öffnet sich das entsprechende Menü ●.

2 Hier finden Sie die Option „Zoom", in Klammern mit dem aktuellen Zoomfaktor. Er ist auf 100 % voreingestellt: ●.

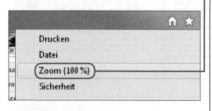

Mit einem Mausklick auf diese Option klappt ein weiteres Menü auf, in dem Sie

einen anderen Zoomfaktor auswählen können. Wenn Sie hier einen höheren Zoomfaktor wählen, etwa ●,

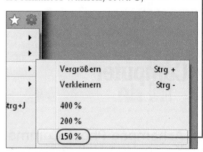

wird der Inhalt der aktuellen Internetseite in anderthalbfacher Größe angezeigt.

3 Weitere Möglichkeiten zur Optimierung des Programms finden Sie, wenn Sie im Menü „Extras" den Eintrag ● anklicken.

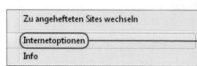

Im Fenster, das sich daraufhin öffnet, können Sie beispielsweise die Startseite bestimmen: ●.

Von wo aus möchten Sie Ihre Exkursionen ins Internet beginnen? Ganz einfach: Sobald Sie eine Seite gefunden haben, die Ihnen zusagt, wiederholen Sie die Schritte 1 und 3 dieser Anleitung und klicken dann im oberen Teil des Fensters „Internetoptionen" auf die Schaltfläche ●.

Auf diese Weise haben Sie die aktuell angezeigte Seite zur Ihrer persönlichen Startseite ins Internet gemacht.

5 Eine weitere Option, auf die Sie achten sollten, befindet sich gleich unterhalb des Bereichs „Startseite": der „Browserverlauf" ●. Dieser Begriff bezieht sich darauf, dass sich Ihr Browser (also der Internet Explorer) alle Seiten, die Sie im Internet aufsuchen, merkt und dann im sogenannten Browserverlauf speichert.

Dies ist zwar sehr praktisch, wenn man eine Seite, die man vor Kurzem besucht hat, erneut aufrufen will, hat aber auch Nachteile: Sofern Sie Ihren Rechner nicht alleine benutzen, legen Sie vielleicht keinen großen Wert darauf, dass andere Anwender nachschauen können, welche Seiten Sie im Internet besucht haben. In dem Fall sollten Sie per Mausklick in das Kästchen ●

einen Haken setzen. Dies veranlasst den Internet Explorer dazu, alle gespeicherten Internetseiten zu löschen, sobald Sie das Programm schließen.

6 Nachdem Sie Ihre persönliche Startseite festgelegt und für den Browserverlauf die gewünschte Einstellung vorgenommen haben, schließen Sie das

Fenster „Internetoptionen" mit einem Mausklick auf ●. Daraufhin übernimmt der Internet Explorer Ihre Einstellungen.

Lieblingsseiten im Netz wiederfinden

Sollten Sie der alleinige Nutzer Ihres Rechners sein oder es für Sie unerheblich sein, ob andere Anwender sehen können, wo Sie sich im Internet tummeln, kann Ihnen der soeben erwähnte Browserverlauf gute Dienste leisten. In dem Fall muss das Kästchen in Schritt 5 des vorigen Abschnitts natürlich leer bleiben, damit der Browserverlauf *nicht* gelöscht wird!

1 Um Zugriff auf den Verlauf zu bekommen, klicken Sie am rechten Rand der Menüzeile auf das mittlere Symbol ●

und im nachfolgenden Fenster auf den Registerreiter ●

Jetzt können Sie sehen, welche Seiten Sie in der Vergangenheit besucht haben.

2 Damit Sie nicht die Übersicht verlieren, sind die Seiten chronologisch

geordnet. Wenn Sie also beispielsweise noch mal eine Seite besuchen wollen, die Sie etwa in der zurückliegenden Woche aufgerufen haben, klicken Sie hier auf die Schaltfläche ●.

3 Anschließend werden alle Internetseiten aufgelistet, die Sie im angegebenen Zeitraum besucht haben, im Beispiel ●. Um nun eine der hier gelisteten Seiten noch einmal zu laden, genügt es, den Eintrag anzuklicken.

Die Favoriten-Funktion nutzen

Der Verlauf ist schon eine praktische Sache - setzt allerdings voraus, dass Sie sich in etwa an den Zeitpunkt erinnern, zu dem Sie eine interessante Seite besucht haben. Auf Nummer sicher gehen Sie mit sogenannten **Favoriten**. Das sind gewissermaßen Lesezeichen fürs Internet: Wenn Ihnen eine Internetseite gut gefällt und Sie wissen, dass Sie sie noch einmal – oder gar regelmäßig – aufsuchen wollen, speichern Sie diese Seite einfach in Ihrer Favoriten-Liste.

1 Um die aktuell angezeigte Internetseite in die Favoriten-Liste aufzunehmen, klicken Sie wieder als Erstes auf das sternförmige Symbol ● und im Fenster, das sich daraufhin öffnet, auf ●.

2 Anschließend können Sie festlegen, unter welchem Namen die aktuelle Seite in der Favoriten-Liste gespeichert werden soll. Zunächst ist der Name voreingestellt, den der Anbieter dieser Seite gegeben hat, im Beispiel ●.

Diese voreingestellten Namen sind oftmals – wie im Beispiel – ziemlich lang. Wie Sie sehen, wird der Name blau unterlegt dargestellt. Das heißt, dass er bereits „markiert" ist und Sie ihn einfach überschreiben können. Tippen Sie also einen kürzeren Namen für die bevorzugte Seite ein, beispielsweise ●, und klicken Sie danach auf ●.

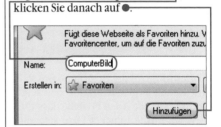

3 Um künftig auf Ihre Favoriten zugreifen zu können, klicken Sie wieder erst auf den Stern ●, anschließend auf den Registerreiter ●

und dann auf den gewünschten Eintrag. Im Beispiel sehen Sie, dass auch der neue Favorit zur Favoriten-Liste hinzugefügt wurde: ●.

4 Sie werden feststellen, dass die Navigation mithilfe von Favoriten eine recht praktische Angelegenheit ist. Unpraktisch ist nur, dass die Favoriten-Liste immer wieder neu aufgerufen werden muss. Dies können Sie jedoch verhindern: Damit die Favoriten-Liste am linken Rand des Fensters fest verankert wird, klicken Sie einfach auf den kleinen, nach links weisenden grünen Pfeil ●.

Daraufhin wird die Favoriten-Liste stets am linken Bildschirmrand angezeigt. Sollten Sie der Ansicht sein, dass dies den Blick aufs Internet allzu sehr einschränkt, können Sie die Liste auch wieder verschwinden lassen, indem Sie oben rechts auf ● klicken.

5 Selbstverständlich können Sie einen Favoriten, den Sie nicht mehr benötigen, auch aus der Liste entfernen. Klicken Sie dazu mit der *rechten* Maustaste auf den entsprechenden Eintrag und im Menü, das sich daraufhin öffnet, auf die Option ●.

Den Computer vor Viren schützen

So spannend das Internet ist, es birgt auch Risiken. Denn die digitalen Kommunikationssysteme transportieren auch Daten, die Sie nicht auf Ihrem Computer haben möchten: **Viren** und andere Schadcodes. Deswegen sollten Sie so rasch wie möglich ein **Antivirenprogramm** aus dem Internet laden und einrichten.

1 Rufen Sie als Erstes die Internetadresse **www.computerbild.de** auf (siehe Schritt 5 auf Seite 9), und klicken Sie auf der Startseite in der Navigationsleiste oben rechts auf die Schaltfläche ●.

Nun erscheint ein weiteres Menü, in dem Ihnen verschiedene Kategorien von Programmen zum Herunterladen angeboten werden. Klicken Sie hier auf den Eintrag ●.

2 Daraufhin präsentiert Ihnen COMPUTER BILD eine Reihe von Programmen, mit denen Sie die Sicherheit Ihres Computers erhöhen können. Das Antivirenprogramm „Avira", das hier beispielhaft vorgestellt wird, ist das beliebteste Programm dieser Kategorie und steht daher ganz oben. Sein **Download** ist bei **computerbild.de** kostenlos und ebenso die Verwendung des Programms, sofern Sie die kostenlose Version laden, die Ihnen im Folgenden – siehe Schritt 3 – angeboten wird und die ausschließlich für private Zwecke eingesetzt werden darf. Klicken Sie das Avira-Symbol ● einfach an.

3 Nun werden Sie auf eine Seite weitergeleitet, auf der das Programm kurz beschrieben wird. Oben links finden Sie die Schaltfläche ● für den Download der kostenlosen Version.

Avira AntiVir Personal

Download & Infos | Screenshots | Anleitung | Nut

⭁ **Download** ⭁ **Kauf**

Kostenlose, virengeprüfte Version bei COMPUTER BILD herunterladen.

Vollversion von Premium" kaufe

Diese brauchen Sie nur anzuklicken. Dann werden Sie darüber informiert, dass der Download, also das Herunterladen des Programms, in Kürze beginnt.

Avira AntiVir Personal

⭁ **Download starten**

Ihr Download startet in wenigen Sekunden automa

Version	10.0.0.648
Dateigröße	50,3 Megabyte
Hersteller	» Avira (Weitere

4 Tatsächlich meldet sich nach wenigen Sekunden der Internet Explorer zu Wort: Der hat inzwischen herausgefunden, dass Sie ein Programm herunterladen möchten, mahnt Sie zur Vorsicht und fragt, ob Sie das Programm nur herunterladen oder auch gleich ausführen wollen. Klicken Sie auf die Schaltfläche ●.

⬛ Nur sichere Dateien ausführen

Beim Download im Internet lauern viele Gefahren. Höchste Vorsicht ist geboten, wenn es um Programme geht, die Sie aus dem Internet laden und auf Ihrem PC ausführen. Hier sollten Sie stets nur Programme aus absolut vertrauenswürdigen Quellen akzeptieren, wie beispielsweise COMPUTER BILD sie bietet. Und vor dem Ausführen von Programmen sollten Sie auf jeden Fall die geladene Datei auf Schadprogramme testen. Für Letzteres ist ein Antivirenprogramm wie Avira die Voraussetzung. Dann können Sie die Datei nach dem Download mit der *rechten* Maustaste anklicken und über das Kontextmenü mit einem Klick auf ● prüfen.

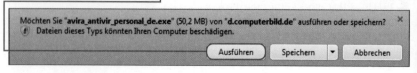

Möchten Sie "**avira_antivir_personal_de.exe**" (50,2 MB) von "**d.computerbild.de**" ausführen oder speichern? ✕
ⓘ Dateien dieses Typs könnten Ihren Computer beschädigen.

Ausführen | Speichern ▾ | Abbrechen

Nach kurzer Zeit teilt Ihnen der Internet Explorer mit, dass der Download abgeschlossen ist. Klicken Sie abermals auf ●.

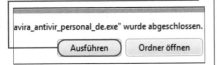

avira_antivir_personal_de.exe" wurde abgeschlossen.

(Ausführen)   Ordner öffnen

5 Um zu verhindern, dass sich irgendwelche **Schad-Software** automatisch auf Ihren Rechner einnistet, fragt Windows zur Sicherheit noch mal nach, ob das Programm Avira tatsächlich installiert werden soll. Bestätigen Sie dies mit einem Klick auf ●.

(Ja)   (Nein)

Anschließend öffnet sich das Avira-**Installationsfenster** auf Ihrem Bildschirm. Klicken Sie zunächst auf die Schaltfläche ●.

(Weiter >)   Abbrechen

6 Jetzt schlägt die Stunde der Juristen: Wenn Sie mögen, lesen Sie sich die Lizenzvereinbarung gründlich durch. Danach setzen Sie per Mausklick in das Kästchen ● einen Haken und klicken dann erneut auf die Schaltfläche ●.

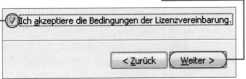

☑ Ich akzeptiere die Bedingungen der Lizenzvereinbarung.

< Zurück   (Weiter >)

7 Zwar ist Avira ein kostenloses Programm, aber dies gilt nur für Privatanwender. Wer Avira beruflich nutzt, soll auch dafür bezahlen. Also bestätigen Sie im nachfolgenden Fenster per Klick auf ●,

< Zurück   (Weiter >)   Abbrechen

dass Sie das Programm nicht für gewerbliche Zwecke nutzen.

8 Der Rest der Installation erfolgt weitgehend automatisch, sodass Sie bei den meisten Fragen die voreingestellten Antworten beibehalten können. So ist es auch im nächsten Fenster: Lassen Sie die Markierung auf ●, und klicken Sie einfach direkt auf ●.

Wählen Sie aus, wie das Programm installiert werden soll.

◉ Express
Die Standardkomponenten werden installi

◯ Benutzerdefiniert
Wählen Sie aus, welche Programmkompor
Empfohlen für fortgeschrittene Benutzer.

☐ Systemwiederherstellungspunkt erstellen

< Zurück   (Weiter >)

9 Im folgenden Fenster können Sie sich als Avira-Anwender registrieren, was aber nicht zwingend notwendig ist. Alle erforderlichen Informationen

(Name und E-Mail Adresse) sind im Formular mit einem Sternchen markiert: ●. Um sich zu registrieren, klicken Sie also in die jeweiligen Eingabefelder und tippen die gewünschten Informationen ein.

Avira AntiVir Personal - Free Antivirus Setup führt die gewünschten Operationen aus.

Wenn Sie lieber auf eine **Registrierung** verzichten möchten, entfernen Sie stattdessen mit einem Mausklick das Häkchen ●.

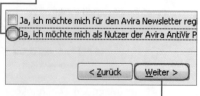

Es folgt der übliche Klick auf ●.

10 Nun führt Sie der Setup-Assistent schließlich zur eigentlichen In-

stallation des Programms. An dem grünen Balken können Sie den Fortschritt dieses Prozesses mitverfolgen.

Nach dem erfolgreichen Abschluss der Installation reicht ein Klick auf

Fertig stellen .

11 Unmittelbar nach der Installation nimmt das Programm seine Arbeit auf und überprüft als Erstes, ob die gespeicherten Definitionen, die es zur Identifikation und Abwehr von Viren braucht, noch aktuell sind.

12 Ist dies passiert, kontrolliert Avira automatisch, ob sich auf Ihrem System womöglich schon irgendwelche Schadcodes eingenistet haben. Auch

dies ist nach kurzer Zeit erledigt, und zu guter Letzt wird Ihnen (hoffentlich) mitgeteilt, dass alles in Ordnung ist. Klicken Sie in diesem Fenster auf ●

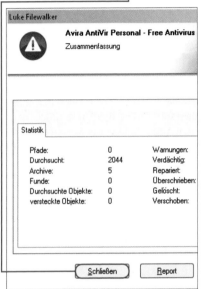

und im dann immer noch geöffneten Avira-Fenster auf

Beenden .

13 Daraufhin verschwindet das Programm von Ihrem Monitor – nicht aber von Ihrem Computer: Hier bleibt es aktiv und überprüft alle Daten, die Sie per E-Mail oder Internet auf Ihren Rechner holen. Gleichzeitig wird Avira jedes Mal, wenn eine Internetverbindung hergestellt wird (also normalerweise kurz nach dem Einschalten) automatisch nachsehen, ob neue Viren-Definitionen vorhanden sind. Dadurch bleibt es stets aktuell. Bei dieser Gelegenheit wird es Ihnen allerdings auch regelmäßig ins Gedächtnis rufen, dass Sie eine kostenlose Version benutzen und dass es weitere, bessere – kostenpflichtige – Versionen gibt. Sie werden also regelmäßig ein Fenster mit der einschlägigen Werbung finden. Sie können dieses Fenster aber getrost per Klick auf ● ausblenden.

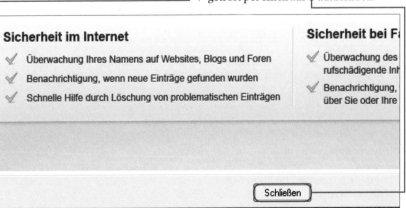

2 Nachrichten aus dem Internet

Sie kennen jetzt die Grundtechniken, mit denen Sie durchs Netz navigieren können, und haben die wichtigsten Sicherheitsvorkehrungen getroffen. Nun kann die Reise in die virtuelle Welt beginnen. Diese Welt entstand auf Basis des Informationsnetzes ARPANET, das Ende der 1960er-Jahre eingerichtet wurde, um den Informationsaustausch zwischen Universitäten und Forschungseinrichtungen zu erleichtern. Auch das heutige Internet ist in erster Linie ein Netzwerk, das Informationen der unterschiedlichsten Art allgemein zugänglich machen soll. Anders als sein Vorgänger ist es jedoch enorm groß: Obwohl es keine offiziellen Angaben über die Anzahl der weltweit vorhandenen Internetseiten gibt, gehen aktuelle Schätzungen davon aus, dass es mindestens 50 Milliarden verschiedene Seiten sind. Zum Glück gibt es starke Orientierungshilfen, die es Ihnen erleichtern, sich in der unübersichtlichen Informationsflut zurechtzufinden.

Im zweiten Kapitel dieses Buches erfahren Sie,
- wie Sie der **Internet Explorer** bei der Suche nach bestimmten Informationen unterstützt,
- wie Sie die Suchmaschine Google einsetzen,
- wie Sie die Google-Suche optimieren,
- wie Sie sich einen Überblick über das aktuelle Tagesgeschehen verschaffen
- und wie Sie die Nachrichtenportale verschiedener Medien nutzen.

Kapitel-Wegweiser

Nach Informationen suchen

Wie Sie im ersten Kapitel dieses Buches gesehen haben, ruft der Internet Explorer jede beliebige Internetseite auf, deren Adresse Sie in seine Adresszeile eingeben. Was aber, wenn Sie eine bestimmte Information suchen, aber nicht wissen, welche Internetseite diese Information bereithält? An dieser Stelle bietet der Internet Explorer in seiner aktuellen Version einen hilfreichen Service: Wenn Sie statt einer Internetadresse einen Suchbegriff in die Adresszeile eingeben, erkennt der **Browser** diesen Unterschied und reicht Ihre Anfrage an ein kompetenteres Programm weiter: an eine Suchmaschine.

1 Tippen Sie zunächst einen beliebigen Suchbegriff in die Adresszeile des Browsers ein, beispielsweise ●. Der Internet Explorer erkennt sofort, dass Ihre Eingabe nicht mit „www." beginnt, und leitet Ihre Anfrage automatisch an die voreingestellte **Suchmaschine** weiter.

Um welche Suchmaschine es sich dabei handelt, kann sich je nach Installation und Konfiguration Ihres PCs unterscheiden. Wenn Sie auf ● klicken, bietet Ihnen die voreingestellte Suchmaschine

gleich eine weitere Hilfe an: Hierbei werden Ihre Eingaben an die Suchmaschine im Internet übertragen und auf dieser Basis automatisch Vorschläge eingeblendet. Wie Sie Google als Suchmaschine einstellen, erfahren Sie im Kasten auf der nächsten Seite.

Wenn Sie die Hilfsfunktion aktiviert haben, macht die Suchmaschine schon während des Tippens Vorschläge zur Vervollständigung Ihrer Eingabe, etwa ●.

2 Sofern einer dieser Vorschläge Ihrem Wunsch entspricht, brauchen Sie an dieser Stelle nicht mehr weiter zu tippen: Wenn Sie einfach auf den Vorschlag klicken, öffnet sich die Internetseite der Suchmaschine mit den Ergebnissen zu Ihrer Anfrage. Dabei werden rund ein Dutzend Ergebnisse pro Bildschirmseite dargestellt.

Google als Suchmaschine voreinstellen

Klicken Sie neben dem Eingabefeld für die Internetadresse rechts von der Lupe auf das Dreieck ●

und dann ganz unten im Menü auf

| Hinzufügen |

Daraufhin wird die Internet Explorer Galerie geladen, in der eine Fülle von Suchanbietern präsentiert werden, unter anderem auch Google. Klicken Sie dort auf ●

Google
suchanbieter

und im nächsten Fenster auf ●

http://google.de

Click to install

Damit in Zukunft Google automatisch zur Suche im Internet Explorer herangezogen wird, markieren Sie mit einem Mausklick das Kontrollkästchen ●

Möchten Sie diesen Suchanbieter hinzufügen?

Name: "Google"
Von: **www.iegallery.com**

☐ Als Standardsuchanbieter festlegen
   ☐ Top-Suchergebnis öffnen, wenn eine in die Adress eingegebene Adresse nicht gefunden wurde
☑ Suchvorschläge von diesem Anbieter verwenden

und bestätigen Ihre Entscheidung mit einem Klick auf ●

| Hinzufügen | Abbrechen |

3 Oben auf dieser Seite befindet sich das Eingabefeld für die Suchanfrage. Hier können Sie Ihre Suchanfrage jederzeit modifizieren, etwa indem Sie bestimmte Wörter der aktuellen Suchanfrage löschen – oder indem Sie einen völlig neuen Suchbegriff eingeben. Fast in derselben Sekunde erscheint eine neue Ergebnisseite. Im Beispielsfall wurde bei

der Suchanfrage ein Wort gelöscht. Entsprechend hat sich die Anzahl der Treffer erhöht: von 627.000 auf etwas über eine Million Treffer ●.

käsekuchen

Ungefähr 1.040.000   Google.com in English
Ergebnisse (0,22 Sekunden)

4 Weitere Suchhilfen bietet Ihnen Google am Ende der Seite: Unter dem letzten angezeigten Suchergebnis erscheinen weitere Suchanfragen, von denen Google glaubt, dass sie für Sie nützlich sein könnten: ●. Und darunter sehen Sie, dass Google noch weitere Seiten mit Suchergebnissen anzubieten hat. Um auf die nächste Ergebnisseite zu wechseln, klicken Sie einfach den nach rechts weisenden Pfeil ●.

Käsekuchen, Käsetorten und mehr Rezepte ⌕
In Deutschland ist die Käsetorte und der **Käsekuchen** so beliebt wie fast kein Zweiter Kuchen. Hier erfahren Sie die **Käsekuchen** Rezepte.
www.kaesekuchen-kaesetorte.de/ -
Im Cache - Ähnliche Seiten

Verwandte Suchanfragen zu **käsekuchen**
käsekuchen einfach
quarkkuchen
käsekuchen quark
käsekuchen ohne boden
käsekuchen vom blech
käsekuchen mit mandarinen
dr oetker
käsekuchen kalorien

Gooooooooooogle ▶

1 2 3 ④ 5 6 7 8 9 10   **Weiter**

| käsekuchen | Suche |

Suchtipps   Feedback geben

Damit Sie eine Seite - etwa die vierte - direkt ansteuern können, genügt ein Mausklick auf die entsprechende Seitenzahl, also ●.

5 Wenn Sie auf der Ergebnisseite von Google einen vielversprechenden Eintrag gefunden haben, klicken Sie ein-

---

▣ Reihenfolge der Suchergebnisse

Google ist nicht die einzige Suchmaschine, die Ihnen im Internet angeboten wird. Allerdings ist es die erfolgreichste. Dieser Erfolg ist jedoch nicht darauf zurückzuführen, dass Google in der Lage ist, auf ein banales Suchwort wie „Käsekuchen" hin über eine Million von Suchergebnissen zu erzeugen. Diese Fähigkeit hatten andere Suchmaschinen auch schon, lange bevor Google auf den Markt kam.

Der Erfolg von Google ist vielmehr darin begründet, dass die Suchmaschine ungeheure Mengen von Ergebnissen in eine halbwegs sinnvolle Reihenfolge bringen kann. Das heißt im Beispielfall, dass Seiten, auf denen der Käsekuchen im Mittelpunkt steht, *vor* jenen Seiten angezeigt werden, auf denen der Suchbegriff eher zufällig erwähnt wird.

Diese Auswahl und Reihenfolge funktioniert in den meisten Fällen gut und reibungslos – so gut, dass der Anwender oft genug geneigt ist zu unterstellen, dass Google irgendwie mitdenkt. Dies ist aber nicht der Fall: So praktisch die Sortierung der Ergebnisse durch Google auch sein mag, ist sie doch immer noch das Produkt automatisch ablaufender Programme. Daher sollten Sie nicht vergessen, dass Suchergebnisse, die Ihrer Anfrage am ehesten entgegenkommen, nicht unbedingt gleich auf der ersten oder zweiten Google-Seite angezeigt werden. Bisweilen lohnt es, auch Ergebnisseiten zu überprüfen, die sich weiter hinten befinden.

fach auf die unterstrichen dargestellte Überschrift dieses Eintrags. Daraufhin wird die ausgewählte Seite im Internet Explorer angezeigt, im Beispiel ●.

Googles Suchergebnisse verbessern

Auch wenn es ziemlich beindruckend ist, dass Google mehr als eine Million Ergebnisse zum Suchbegriff „Käsekuchen" ermittelt: Eine solche Trefferanzahl erschlägt natürlich mehr, als dass sie hilft. Daher empfiehlt es sich, die Suche gezielt zu präzisieren. Auch hier bietet Google eine Reihe von Werkzeugen, die Ihnen weiterhelfen können.

1 Die einfachste Möglichkeit, sich einen ersten Eindruck von einem vielversprechenden Ergebnis zu verschaffen, ist das Lupensymbol, das rechts neben dem jeweiligen Suchergebnis angezeigt wird, etwa ●. Klicken Sie es an, blendet Google rechts daneben eine verkleinerte Ansicht der dazugehörigen Seite ein, im Beispiel ●.

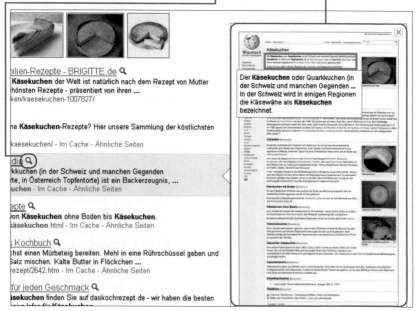

2 In bestimmten Fällen hilft es weiter, wenn Sie Google mitteilen, welche Art von Daten oder Informationen Sie suchen. Dazu stehen Ihnen am oberen Rand der Google-Seite eine Menüzeile und am linken Seitenrand eine Navigationsspalte zur Verfügung. Wenn Sie also beispielsweise an einer Internetseite mit einem Video interessiert sind, in dem Ihnen die Zubereitung des Käsekuchens Schritt für Schritt gezeigt wird, klicken Sie auf ● oder ●.

Google grenzt die Suche dann entsprechend ein und bietet Ihnen ausschließlich Seiten mit den einschlägigen Video-Clips an. Ein weiterer Mausklick reicht, und Sie können sich ein kurzes Filmchen zum Thema anschauen.

3 Vielleicht möchten Sie aber auch gar nicht selber backen, sondern lieber wissen, wo es den besten Käsekuchen gibt? In dem Fall klicken Sie einfach auf ●. Nun zeigt Google Ihnen alle Seiten an, die einschlägige Produkte anbieten, etwa ●.

4 Sollten Ihnen diese Einschränkungen der Suche nicht weiterhelfen, klicken Sie entweder am oberen Bildschirmrand auf die Schaltfläche ●

oder am linken Bildschirmrand auf

Google zeigt Ihnen anschließend wieder den vollen Umfang der Suchergebnisse an.

5 Nun kann es aber auch vorkommen, dass Sie einfach nur eine einzige Information suchen und selbst die eingeschränkte Google-Suche noch zu viele Ergebnisse liefert. Kein Problem: Tippen Sie die Frage, die Sie bewegt, einfach ins Abfrage-Fenster von Google ein. In den meisten Fällen versteht Google die Frage und liefert die passenden Ergebnisse an oberster Stelle der Ergebnisliste.

> wann sind die sommerferien in bremen
>
> Ungefähr 511.000 Ergebnisse (0,24 Sekunden)
>
> ▸ Schulferien.org - **Bremen** Ferien 🔍
> Hier finden Sie aktuelle, vergangene und zukünftige Schulfe
> www.schulferien.org/**Bremen/bremen**.html - Im Cache - Ä
> Kalender 2011 + Ferien Bremen ...   Feiertage Bremen
> Ferienkalender Bremen PDF   2012

Über das Tagesgeschehen informieren

Wer beim Frühstück gerne eine Tageszeitung liest, für den ist die Vorstellung, sich aktuelle Nachrichten auch aus dem Internet zu beschaffen, erst mal etwas befremdlich. Ein Vorteil ist allerdings nicht von der Hand zu weisen: Während Redaktionsschluss bei einer Zeitung in der Regel am Abend zuvor ist, kann das Internet immer mit topaktuellen Informationen aufwarten. Und so bekommen Sie sie:

1 Wenn Google Ihnen einen Überblick über das aktuelle Tagesgeschehen liefern soll, löschen Sie zunächst mal den aktuellen Suchbegriff aus der Abfragezeile. Klicken Sie dazu in das Feld, halten Sie die Maustaste gedrückt, und ziehen Sie mit weiterhin gedrückter Maustaste eine Markierung über den Suchbegriff.

Sobald Sie die Maustaste loslassen und auf die Entf-Taste drücken, ist das Suchfeld leer: ●. Klicken Sie anschließend am oberen Bildschirmrand auf ●.

Web Bilder Videos Maps (News) Shopping

Google ←

2 Daraufhin präsentiert Ihnen Google alle aktuellen Nachrichten, die die Suchmaschine auf den wichtigsten Nachrichtenseiten gefunden hat. Auch hier sortiert Google die Ergebnisse nach ihrer Bedeutung: Eine Nachricht ist umso wichtiger, je mehr Belegstellen sich im Internet finden.

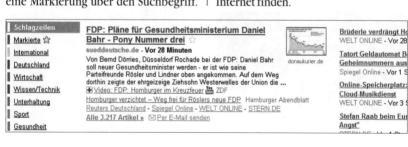

| Schlagzeilen | |
| Markierte ☆ |
| International |
| Deutschland |
| Wirtschaft |
| Wissen/Technik |
| Unterhaltung |
| Sport |
| Gesundheit |

FDP: Pläne für Gesundheitsministerium Daniel Bahr - Pony Nummer drei ☆
sueddeutsche.de - Vor 28 Minuten
Von Bernd Dörries, Düsseldorf Rochade bei der FDP: Daniel Bahr soll neuer Gesundheitsminister werden - er ist wie seine Parteifreunde Rösler und Lindner ganz angekommen. Auf dem Weg dorthin zeigte der ehrgeizige Ziehsohn Westerwelles der Union die ...
⊞ Video: FDP: Homburger im Kreuzfeuer 📺 ZDF
Homburger verzichtet – Weg frei für Röslers neue FDP Hamburger Abendblatt
Reuters Deutschland - Spiegel Online - WELT ONLINE - STERN.DE
Alle 3.217 Artikel » ✉ Per E-Mail senden

donaukurier.de

Brüderle verdrängt He
WELT ONLINE - Vor 28

Tatort Geldautomat B
Geheimnummern aus
Spiegel Online - Vor 1 S

Online-Speicherplatz:
Cloud-Musikdienst
WELT ONLINE - Vor 3 S

Stefan Raab beim Eur
Angst"

3 Auf der Startseite der Google-Nachrichten sehen Sie nur die wichtigsten Schlagzeilen – nicht anders als auf der Titelseite Ihrer Tageszeitung. Anders als die Titelseite Ihrer Tageszeitung verfügt Google allerdings über eine Seite, die nahezu beliebig lang sein kann. Damit Sie auch die Nachrichten sehen können, die weiter unten auf der Seite stehen, nutzen Sie die sogenannte **Bildlaufleiste**: ●. Klicken Sie auf den Rollbalken ●,

halten Sie die Maustaste gedrückt, und ziehen Sie den Balken mit weiterhin gedrückter Maustaste nach unten. So kommen nach und nach immer mehr Nachrichten in Ihr Blickfeld.

International »

EU-Einreiseverbot für syrische Regimegr
sueddeutsche.de - **Vor 34 Minuten**
Brüssel/Damaskus (dpa) - Die EU hat ein Einreiseverbo
Bruder des syrischen Präsidenten Baschar al-Assad, M
und zwölf weitere Führungspersonen des Regimes erlas
wegen der gewaltsamen Unterdrückung der Opposition
EU verhängt Einreiseverbot für Assad-Verwandte Reute
EU-Sanktionen gegen Syriens Staatsspitze in Kraft get
STERN.DE - FOCUS Online - ZEIT ONLINE - Spiegel C
Alle 514 Artikel » ✉ Per E-Mail senden

Pakistan erlaubt USA wohl Verhör von B
Witwen ☆
Reuters Deutschland - **Vor 1 Stunde**
Islamabad/Washington (Reuters) - Pakistan wird den US

4 Ebenso wie Ihre Tageszeitung bietet auch Google News einzelne Ressorts, denen die Nachrichten zugeordnet sind: Wirtschaft, Sport, Unterhaltung etc. Der Zugriff auf diese Ressorts erfolgt über die Schaltflächen am linken Bildschirmrand. Wenn Sie hier zum Beispiel auf ●

klicken, können Sie sehen, was auf dem Unterhaltungssektor aktuell im Gespräch ist.

5 Unterhalb der Überschrift zu einer Nachricht zeigt Google immer an, auf welcher Internetseite die jeweilige Nachricht entdeckt wurde. Gibt es unterschiedliche Fundstellen, bietet Google Ihnen mehrere Quellen an, sodass Sie selbst entscheiden können, ob Sie die neuesten Nachrichten – im Beispielsfall über Arnold Schwarzenegger – auf „stern.de" oder lieber auf „bild.de" lesen wollen. Ein Mausklick auf den jeweiligen Link öffnet die dazugehörige Seite im Internet Explorer.

Lokalnachrichten abrufen

An Ihrer Tageszeitung schätzen Sie wahrscheinlich auch den Lokalteil. Grund genug für Google, Ihnen Nachrichten aus Ihrer Stadt oder Ihrer Region ebenfalls zur Verfügung zu stellen. Sie müssen lediglich festlegen, in welcher Gegend Sie das Tagesgeschehen besonders interessiert.

1 Dazu rollen Sie die Startseite von Google News etwas nach unten, bis Sie in der rechten Spalte den Eintrag ● finden. Klicken Sie hier in das Eingabefeld ●,

sueddeutsche.de - BZ

Lokalnachrichten »

Beiträge aus der Nähe von: Stadt oder Postleitzahl   Hinzufügen

Deutschland »

und tippen Sie einfach den Namen der Stadt ein, deren Lokalnachrichten Sie gern lesen möchten, im Beispiel ●.

Lokalnachrichten »

Beiträge aus der Nähe von: Düsseldorf

Es folgt rechts daneben ein Mausklick auf die Schaltfläche

    Hinzufügen .

2 Daraufhin sehen Sie, dass auf der News-Startseite von Google der von Ihnen soeben gewählte Ort in der Navigationsspalte am linken Bildrand hinzugefügt wurde: ●.

Wenn Sie diese Seite mithilfe der Bildlaufleiste (siehe Schritt 3 auf Seite 31) abermals nach unten rollen, finden Sie als erstes Ressort in der rechten Spalte die gewünschten Lokalnachrichten, ebenfalls eine Zusammenstellung aus den Internetveröffentlichungen der Lokalpresse.

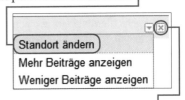

3 Wenn Sie im Urlaub sind oder Bekannte in einer anderen Stadt besuchen wollen, haben Sie vielleicht auch

Interesse an einem anderen Lokalteil. Kein Problem: Um eine andere Stadt einzustellen, klicken Sie am rechten Rand der Titelzeile der Lokalnachrichten auf den kleinen nach unten weisenden Pfeil ●.

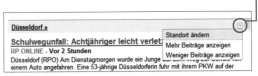

Daraufhin klappt ein Menü auf, in dem Sie per Mausklick den Befehl ●

wählen. Das rechte Schließkreuz ● dient übrigens – wie bei allen anderen Ressorts – dazu, dieses Ressort aus der Google-News-Seite zu entfernen.

4 Um den Standort zu ändern, geben Sie nun den Namen der anderen Stadt ein, deren Lokalteil Sie künftig lesen wollen, etwa ●, und klicken anschließend zur Bestätigung auf die Schaltfläche ●.

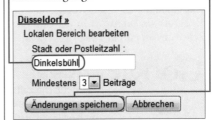

Umgehend taucht der neue Ortsname

wieder in der Navigationsspalte am linken Bildrand und weiter unten als Ressort-Überschrift auf. Im Beispielfall können Sie sich nun also aktuelle Lokalnachrichten aus der mittelfränkischen Kleinstadt Dinkelsbühl zu Gemüte führen.

Dinkelsbühl »

Trainerwechsel in Roth machte sich bez
Nordbayern.de - **01.05.2011**
ROTH - Der Trainerwechsel bei der SpVgg Roth - Mant
auf den zurückgetretenen Albert Reitlinger - zeigte offe
dieser Höhe verdienten 5:1-Erfolg über den TSV Dinkel

Nachrichtenportale anderer Medien

Wie Sie in den vorigen Abschnitten gesehen haben, kann Google Sie Tag für Tag rund um die Uhr mit aktuellen Nachrichten versorgen. Allerdings gibt es einen Haken: Die Seiten werden automatisch erstellt, d. h. was zählt, ist nur die Häufigkeit, mit der Nachrichten im Internet erscheinen, aber nicht deren Bedeutung. Was Google News also nicht bietet, ist die Bewertung und Einsortierung von Nachrichten, die eine professionelle Redaktion leistet. Glücklicherweise gibt es genügend traditionelle Medien, die sogenannte Online-Ausgaben anbieten und darin eine professionelle Vorauswahl treffen.

1 Um herauszufinden, ob die Zeitschrift oder Zeitung Ihrer Wahl eine entsprechende Online-Ausgabe hat, tippen Sie einfach den Namen des gesuchten Mediums als Suchwort in die Abfrage-Zeile von Google ein, beispielsweise ●

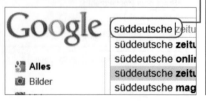

Auch hier bietet die Vervollständigungsfunktion von Google wieder eine praktische Hilfestellung: Sobald Sie den gewünschten Eintrag gefunden haben, klicken Sie ihn einfach an, hier ●

---

süddeutsche zeitung

süddeutsche **zeitung**
süddeutsche **online**
süddeutsche **zeitung online**
süddeutsche **magazin**
süddeutsche **zeitung magazin**

Google liefert Ihnen daraufhin die Suchergebnisse.

---

süddeutsche zeitung online

Ungefähr 1.460.000 Ergebnisse (0,10 Sekunden)

▸ **Süddeutsche Zeitung** - Jetzt zwei Wochen
Kostenlos & unverbindlich!
www.sueddeutsche.de

sueddeutsche.de 🔍
Liberale Posten-Rochade Neue, alte FDP - Vor 7 Min
FDP: Machtkampf entschieden Gruppenbild ohne Da
Pony Nummer drei - Vor 2 Stunden

---

2 In der Regel steht der Online-Auftritt Ihrer Zeitung oder Ihrer Zeitschrift an oberster Stelle. Ein Mausklick auf diesen Eintrag – und schon wird die Titelseite Ihrer Zeitung angezeigt.

3 Leider haben die Online-Ausgaben der verschiedenen Zeitungen, Zeitschriften, Rundfunk- oder Fernsehsender kein einheitliches Layout. Was jedoch allen gemein ist: Wie bei der Google-News-Seite können auch die Titelseiten anderer Online-Nachrichtenportale beliebig lang sein. Um sich also einen ersten Überblick zu verschaffen, rollen Sie mithilfe der Bildlaufleiste (siehe Seite 31) einfach die Seite nach unten.

4 Auch die Schaltflächen, die unmittelbar zu den jeweiligen Rubriken führen, zählen zum Standardinventar der Online-Medien und befinden sich nor-

malerweise ganz oben auf der Startseite, beispielsweise ●.

Wie üblich genügt ein Mausklick auf einen Eintrag, um die dazugehörige Rubrik aufzurufen.

5 In einem Punkt überflügeln die Online-Auftritte der klassischen Medien allerdings die gedruckten Ausgaben: Meist liefern sie eine Vielzahl von zusätzlichen Angeboten, die auf herkömmlichen Zeitungsseiten nicht unterzubringen sind – beispielsweise eine Auswahl aktueller Video-Clips.

Üblicherweise sind solche attraktiven Zusatzangebote an prominenter Stelle auf der Startseite platziert. Probieren Sie einfach mal aus, was Ihre Zeitung oder Zeitschrift im Angebot hat.

3 In Verbindung bleiben

Das Internet ist nicht nur ein phänomenaler Wissensspeicher, den Sie nach Lust und Laune anzapfen können. Ein weiteres attraktives Merkmal besteht darin, dass Sie online ganz einfach kommunizieren können. Dazu stellt Ihnen das Internet gleich eine ganze Reihe verschiedener Möglichkeiten zur Verfügung: Mithilfe von E-Mail-Systemen können Sie elektronische Briefe minutenschnell und völlig portofrei in alle Welt senden, und spezielle Internet-Telefonsysteme erlauben – ebenfalls kostenfrei – sogar interkontinentale Telefongespräche.

Im dritten Kapitel dieses Buches erfahren Sie,
● wie Sie ein kostenloses E-Mail-Konto einrichten,
● wie Sie E-Mails schreiben, verschicken und empfangen
● und wie Sie einen Internet-Telefonanschluss einrichten und nutzen.

Kapitel-Wegweiser

Ein kostenloses E-Mail-Konto einrichten

Es gibt eine Vielzahl von Anbietern, die es Ihnen ermöglichen, im Internet kostenlos per E-Mail zu kommunizieren: googlemail.com, freenet.de, … und so fort. In Deutschland zählt GMX zu den beliebtesten Anbietern von kostenlosen E-Mail-Diensten. Da sich die Anmeldung und Nutzung der verschiedenen Dienste nur unwesentlich voneinander unterscheidet, soll hier beispielhaft GMX vorgestellt werden.

1 Um ein GMX-Konto einzurichten, müssen Sie zunächst die Internetseite dieses Anbieters aufrufen. Dazu geben Sie entweder das Suchwort „GMX" in die **Adresszeile** des **Internet Explorer**s ein und wechseln dann über die Google-Ergebnisliste zu GMX (siehe Schritt 1 auf Seite 25). Oder Sie tippen gleich die Adresse **www.gmx.net** ein und gelangen dadurch umgehend zur GMX-Startseite. Klicken Sie dort in der Menüleiste oben auf den **Registerreiter** ●

2 Auf der Seite, die daraufhin erscheint, werden die verschiedenen E-Mail-

Dienste von GMX aufgeführt. Neben dem kostenfreien Service „FreeMail" ● finden Sie hier auch zwei kostenpflichtige Angebote. Fürs Erste dürfte der kostenlose Dienst völlig ausreichen (und da auch GMX gern etwas Geld verdient, werden Sie ohnehin noch oft genug auf die Vorteile der kostenpflichtigen Services aufmerksam gemacht). Klicken Sie also zunächst auf die Schaltfläche ●.

3 Anschließend wird das Anmeldeformular von GMX angezeigt, in dem Sie Ihre persönlichen Daten eingeben. Füllen Sie die Eingabefelder entsprechend aus – und bedenken Sie dabei, dass alle mit einem Sternchen (*) gekennzeichneten Felder ausgefüllt werden *müssen*.

E-Mail-Konto anlegen - kostenlos

Auf nur einer Seite richten Sie in vier einfachen Schrit
erhalten Zugriff auf viele weitere GMX Services.

Persönliche Daten

Anrede*:	○ Herr ○ Frau
Vorname*:	
Nachname*:	
Straße/Hausnummer*:	
Postleitzahl/Stadt*:	
Land/Staat*:	Deutschland ▾
Geburtsdatum*:	. . (z.B. 17.03.1

4 Wenn dies erledigt ist, rollen Sie die Seite mithilfe der **Bildlaufleiste** (siehe Seite 10) weiter nach unten. Im nächsten Abschnitt des Formulars können Sie Ihre E-Mail-Adresse auswählen. Hier dürfen Sie Ihrer Fantasie freien Lauf lassen – womöglich müssen Sie das sogar, denn die Adresse „schulze@gmx.de" dürfte mit ziemlicher Sicherheit schon vergeben sein. Gleichzeitig sollten Sie bedenken, dass diese E-Mail-Adresse nicht für Sie selbst bestimmt ist, sondern für Ihre Freunde und Bekannten – und die werden nur wenig Lust haben, sich eine exotische Adresse wie zum Beispiel „swart99z53@gmx.de" zu merken. Treffen Sie also Ihre Wahl, und klicken Sie danach auf die Schaltfläche ●——

⬚ So geben Sie das @-Zeichen ein

Das @-Zeichen (gesprochen „ät") dient bei E-Mail-Adressen als Trennung des Namens von der Adresse des Internetdienstanbieters. E-Mail-Adressen haben beispielsweise die Form: **name@anbieter.de**, bestehen also aus Ihrem E-Mail-Namen, dem das @-Zeichen und die Internetadresse Ihres Postfachdienstes folgen. Das @-Zeichen ist daher von zentraler Bedeutung, beispielsweise um Ihre Adresse weiterzugeben oder eine E-Mail an einen Empfänger zu adressieren. Sie erzeugen das @-Zeichen mit Ihrer Tastatur, indem Sie die Taste [Alt Gr] gedrückt halten und auf die Taste [Q] tippen.

5 GMX sieht daraufhin nach, ob die von Ihnen gewünschte Adresse noch frei ist. Sollte dies der Fall sein, erhalten Sie umgehend eine positive Rückmeldung, im Beispiel ●——

Andernfalls müssen Sie es halt noch mal versuchen. Ist die Rückmeldung schließlich positiv, sollten Sie sich Ihre neue E-Mail-Adresse unbedingt notieren.

6 Anschließend geht es darum, ein Passwort für Ihr E-Mail-Konto festzulegen. Dieses Passwort, das in Zukunft der Schlüssel zu vielen Transaktionen im Internet sein wird, soll dafür sorgen, dass sich kein Unbefugter Zugang zu Ihrem E-Mail-Konto verschaffen kann. Daher darf es nicht zu einfach zu erraten sein: Ihr Vorname, Ihre Lieblingsfarbe oder Ihr Geburtsdatum rückwärts können leicht geknackt werden. Im Idealfall besteht ihr Passwort aus einer zufälligen Reihe von Buchstaben, Ziffern und Sonderzeichen wie „!", „?" oder „$". Wenn Sie Ihr Passwort in das entsprechende Feld ●

eingetippt haben, zeigt Ihnen GMX automatisch an, wie sicher dieses Passwort ist: ●.

Steht der Zeiger im grünen Bereich, ist alles in Ordnung. Dann sollten Sie sich das Passwort unbedingt sofort aufschreiben. Anschließend geben Sie es im Feld darunter erneut ein, um sicherzustellen, dass sich kein Tippfehler eingeschlichen hat. Bei der Eingabe von Passwörtern sehen Sie übrigens keine Buchstaben oder Ziffern, sondern nur Punkte: Dies dient Ihrer Sicherheit, denn Sie können ja nicht immer wissen, ob Ihnen gerade jemand über die Schulter schaut.

⚠ Unknackbare Passwörter

Ihr Passwort sollte mindestens acht Zeichen lang sein und aus Groß- und Kleinbuchstaben, Zahlen und Sonderzeichen bestehen.

Um ein sicheres Passwort zu erstellen, können Sie sich zum Beispiel einen beliebigen Satz ausdenken. Im Beispiel: „Das Wasser am Rhein ist wieder sauberer geworden." Verwenden Sie jetzt einfach die Anfangsbuchstaben, erhalten Sie schon ein passables Passwort. Es ist jedoch zu kurz und enthält keine Sonderzeichen. Der erste Buchstabe „D" ist der vierte im Alphabet. Also setzen Sie die „4" vor das Passwort. Dann stellen Sie das ganze Passwort noch in Klammern, und schon erhalten Sie ein ziemlich sicheres Passwort:

(4DWaRiwsg)

Wenn Sie die Sicherheit sogar noch mehr verbessern wollen, sollten Sie ein Sonderzeichen in die Zeichenkette einstreuen. Gehen Sie dabei von der Zahl für den ersten Buchstaben aus. Zählen Sie dann in diesem Beispiel vom ersten Buchstaben vier weiter, und geben Sie ein „&" ein. Dann erhalten Sie ein Passwort, das wohl kaum erraten werden kann. Und auch Programme, die Passwörter errechnen, werden schon eine ganze Zeit benötigen, um das Passwort **(4DWaR&iwsg)** herauszubekommen.

Wichtig ist natürlich, dass Sie sich jetzt noch den Satz und die Regeln merken!

7 Auch im nächsten Abschnitt des Anmeldeformulars geht es um Sicherheit: Hier trifft GMX Vorkehrungen für den Fall, dass Ihnen Ihr Passwort mal abhandenkommen sollte. Zunächst wird gefragt, an welche Adresse ein neues Passwort geschickt werden soll. Dabei kann es sich um eine andere E-Mail-Adresse oder um eine Handynummer handeln. Da Sie derzeit vermutlich noch keine alternative E-Mail-Adresse haben, sollten Sie hier ● Ihre Handynummer eingeben. Darunter müssen Sie entscheiden, mit welcher Frage Sie sich bei GMX im Notfall ausweisen können. Ein Klick auf den nach unten weisenden Pfeil ●

in das entsprechende Feld ein, im Beispiel ●.

Sicherheitsabfrage

Geben Sie die | sfsbdjrbl
Zeichen aus dem unten
angezeigten Bild ein*:

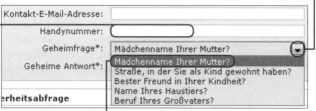

Kontakt-E-Mail-Adresse:
Handynummer:
Geheimfrage*: Mädchenname Ihrer Mutter? ▼
Geheime Antwort*: Mädchenname Ihrer Mutter?
Straße, in der Sie als Kind gewohnt haben?
Bester Freund in Ihrer Kindheit?
Name Ihres Haustiers?
erheitsabfrage Beruf Ihres Großvaters?

öffnet eine Liste. Wählen Sie per Mausklick eine Frage aus, beispielsweise ●, und tragen Sie die Antwort im Feld darunter ein.

8 Nun folgt ein Teil der Anmeldung, der Ihnen womöglich etwas albern erscheint, der aber ziemlich wichtig ist: Sie müssen nachweisen, dass Sie ein „richtiger Mensch" sind – und kein Programm, das sich hier unzulässigerweise einschleichen will. Deswegen zeigt Ihnen GMX in diesem Teil des Anmeldeformulars eine Reihe von extrem verzerrten Buchstaben oder Zahlen an, die zwar das menschliche Auge, aber Software kaum entziffern kann. Tippen Sie die Zeichenfolge genau so, wie Sie sie sehen,

9 Damit ist die Anmeldung so gut wie abgeschlossen. Auf die kostenpflichtigen Angebote, die nun noch eingeblendet werden, können Sie getrost verzichten. Sie sollten also erst mal nichts mehr anklicken, sondern wie gewohnt zum Ende der Seite rollen. Dort klicken Sie schließlich auf die Schaltfläche ●

d 10 FreiSMS bzw. 2 FreiMMS/Monat

d FreiSMS- / FreiMMS-Nutzung den FreeMail Plus
eit interessante Informationen und Angebote
Option kann ich jederzeit wieder abbestellen.

en

Ich stimme zu. Jetzt E-Mail Konto anlegen.

10 Abermals kommen Sie auf eine Seite voller Werbe-Angebote, und natürlich steht es Ihnen frei, ein Schnupper-Abo zu bestellen. Nötig ist das allerdings nicht.

Rollen Sie diese Seite einfach nach unten, bis Sie die Schaltfläche •

sehen. Ein Klick darauf beendet den Anmeldeprozess.

Elektronische Post lesen

Nun können Sie gleich testen, welch vielfältige Möglichkeiten Ihnen das soeben angelegte, kostenlose E-Mail-Konto bietet.

1 Nachdem Sie sich erfolgreich angemeldet haben, erhalten Sie von GMX eine Bestätigung. Neben Ihrer neuen E-Mail-Adresse wird Ihnen darin auch eine Kundennummer, im Beispiel •, mitgeteilt. Diese sollten Sie sich ebenfalls unbedingt notieren. Um Ihr neues E-Mail-Konto jetzt auszuprobieren, klicken Sie anschließend auf die Schaltfläche •.

2 Daraufhin erscheint Ihre persönliche GMX-Postfach-Seite, und Sie werden feststellen, dass Sie bereits drei elektronische Briefe empfangen haben. Klicken Sie hier auf den entsprechenden Link •.

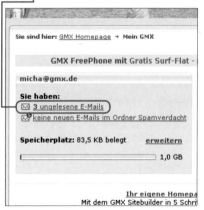

3 Nun werden alle Ordner aufgelistet. Wie Sie sehen, sind die beiden obers-

ten Ordner ● hervorgehoben dargestellt, also markiert. Dies bedeutet, dass
sich darin ungelesene E-Mail-Nachrich-
ten befinden. Ein Klick auf ●

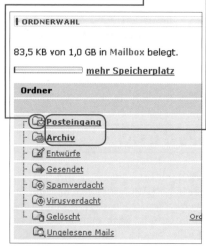

öffnet den entsprechenden Ordner und
zeigt Ihnen alle hier eingegangenen
Nachrichten an. Im Beispiel handelt es
sich um Standardnachrichten, die GMX
automatisch erzeugt hat.

4 Um diese E-Mails lesen zu können, genügt ein Mausklick in der Liste auf die
Nachricht, die Sie interessiert. Obwohl

diese E-Mails offenkundig automatisch
erzeugt wurden, erhalten sie doch wichtige Informationen, die Sie sich durchlesen sollten.

5 Am linken Bildschirmrand ist immer
eine Navigationsspalte sichtbar, über
die Sie ruck, zuck zwischen den verschiedenen Ordnern und Unterordnern
hin- und herwechseln können. So öffnet
ein Mausklick beispielsweise auf den
Eintrag ● die folgende Ordnerliste: ●

Eine E-Mail schreiben

Nicht ist leichter, als eine E-Mail zu schreiben. Während Sie früher Papier, Stift, einen Umschlag und eine Briefmarke brauchten, reichen bei GMX ein paar Mausklicks.

1 Damit das gewünschte Fenster in den Vordergrund rückt, klicken Sie als Erstes in der Navigationsspalte am linken Bildrand auf den Befehl ●

2 Im gleichnamigen Fenster, das nun erscheint, gilt es zunächst, den Kopfbereich (auch „Header" genannt) auszufüllen. Er enthält die wichtigsten Informationen zu Ihrer E-Mail: Absender, Adressat und Betreffzeile. Wie Sie sehen, hat das GMX-Programm den Absender, hier ●, bereits automatisch eingefügt. Sie müssen nur noch die E-Mail-Adresse des Empfängers eintippen.

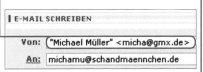

Beim Ausfüllen der Betreffzeile ● sollten Sie bedenken, dass die Betreffzeile das Einzige ist, was der Empfänger zunächst von Ihrer Nachricht sieht, und dass er auf Basis dieser Betreffzeile entscheiden wird, ob er Ihre E-Mail überhaupt öffnet – oder sie lieber gleich ungelesen löscht.

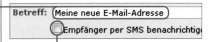

Das Kästchen ● sollten Sie besser nicht anklicken, da es sich hierbei um einen GMX-Service handelt, der früher oder später kostenpflichtig ist.

3 Sobald der digitale Briefumschlag fertig beschriftet ist, klicken Sie unterhalb der Eingabefelder für Adresse und Betreff in das große Textfeld ●

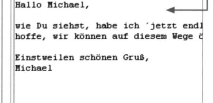

und tippen dort Ihre Nachricht ein. Die Länge dieses Textes ist – anders als etwa bei einer SMS – nicht begrenzt.

4 Ehe Sie die Nachricht abschicken, haben Sie nun noch die Möglichkeit, eine Datei an die Nachricht anzufügen – beispielsweise ein Foto von Ihrem letzten gemeinsamen Ausflug. Klicken Sie dazu unterhalb des großen Textfensters auf die Schaltfläche ●.

5 Daraufhin öffnet das GMX-Programm automatisch den Windows-Explorer und zeigt – da Bilder offenbar der beliebteste Dateianhang sind – sofort den Inhalt der Bibliothek „Bilder" an. Wenn Sie eines der hier aufgeführten Bilder mit Ihrer Nachricht verschicken wollen, klicken Sie das Bild jetzt doppelt an, im Beispiel ●.

Doch Sie können statt Bildern auch andere Dateien, beispielsweise Dokumente oder Tabellen, an Ihre E-Mail hängen. Wechseln Sie wie gewohnt mithilfe des Windows-Explorers in den entsprechenden Ordner, und übernehmen Sie die Datei per Doppelklick für die Übertragung.

6 Anschließend erscheint der Name der ausgewählten Datei im Fenster, und Sie bestätigen ihn mit einem Klick auf ●.

Kontrollieren Sie vor dem Versand der E-Mail zur Sicherheit noch einmal, ob es tatsächlich die richtige Datei ist: Irrtümer können leicht peinlich werden. In diesem Fall können Sie die Datei mit einem Klick auf ● wieder löschen.

7 Um Ihre E-Mail schließlich abzuschicken, genügt ein Mausklick rechts unten auf die Schaltfläche ●.

Jetzt teilt Ihnen GMX mit, dass die **8** Nachricht erfolgreich verschickt wurde ●, und bietet Ihnen an, die Adresse des Empfängers ins GMX-Adressbuch aufzunehmen. Sofern Sie beabsichtigen, mit dem Adressaten in regelmäßigem Kontakt zu bleiben, ist das ausgesprochen hilfreich. Klicken Sie in dem Fall auf ●.

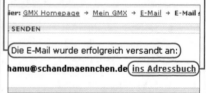

Dann werden Sie die Adresse künftig rascher finden und können sie per Mausklick ins Adressfeld übernehmen, statt sie mühsam eintippen zu müssen.

9 Gleichzeitig mit dem Versand der

Nachricht wurde eine Kopie davon in Ihrem GMX-Ordner ● abgelegt. Wenn Sie sie später noch einmal kontrollieren möchten, öffnen Sie den Gesendet-Ordner über die Navigationsspalte am linken

Bildrand (siehe Schritt 5 auf Seite 42). Hier werden alle verschickten Nachrichten angezeigt. Per Doppelklick können Sie dann jede beliebige E-Mail auswählen und öffnen.

Das GMX-Programm beenden und starten

1 Wenn Sie Ihr E-Mail-Programm im Internet nun schließen wollen, sollten Sie dazu nicht einfach den Internet Explorer schließen. Aus Sicherheitsgründen empfiehlt es sich, zunächst die Verbindung zum GMX-E-Mail-Service zu beenden. Dazu klicken Sie am rechten oberen Bildrand auf die sogenannte Logout-Schaltfläche ●:

2 Sowie Sie das nächste Mal die GMX-Internetadresse in das Adressfeld des **Browser**s eingeben und die GMX-Seite öffnen (siehe Seite 37), können Sie sich mit Ihren Zugangsdaten anmelden. Klicken Sie hierfür auf ●, um das Anmeldefeld zu öffnen.

Im geöffneten Adressfeld geben Sie Ihre GMX-E-Mail-Adresse ● und das dazugehörige Passwort ● ein, die Sie bei der **Registrierung** festgelegt haben.

Um zur E-Mail-Seite zu wechseln, brauchen Sie dann nur noch auf die Schaltfläche ● zu klicken.

Telefonanschluss im Internet einrichten

Obwohl der Austausch per E-Mail sehr praktisch ist, gibt es Situationen, in denen ein direktes Gespräch angenehmer ist. Auch dies geht im Internet kostenlos. Der Kommunikationsdienst „Skype" erlaubt es Ihnen, unmittelbar von Ihrem Computer aus zu telefonieren. Und das Beste daran: Sofern Ihr Gesprächspartner ebenfalls Skype nutzt, sind diese Anrufe sogar kostenlos. Gerade wer Freunde oder Verwandte im Ausland hat, weiß diese Art der Kommunikation besonders zu schätzen.

Skype herunterladen

1 Um Skype nutzen zu können, müssen Sie zunächst das nötige Programm auf Ihrem Computer einrichten. Tippen Sie dazu im geöffneten Internet Explorer als Erstes die Adresse **www.skype. com**

in die Adresszeile ein, und drücken Sie dann zur Bestätigung wie gewohnt die ⏎-Taste. Daraufhin wird die Startseite von Skype angezeigt. Bewegen Sie den Mauszeiger in der Menüleiste auf den Eintrag

Dann öffnet sich darunter ein Fenster, in dem Ihnen das Programm für verschiedene Hardware-Umgebungen angeboten wird. Klicken Sie hier auf ●.

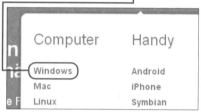

2 Ähnlich wie GMX wirbt auch Skype neben der kostenfreien Version für eine kostenpflichtige Premium-Version. Da eine nachträgliche Anpassung stets möglich ist, können Sie es vorerst getrost bei der kostenlosen Version belassen und einfach auf die Schaltfläche ● klicken.

3 Damit beginnt die Anmeldeprozedur, die Ihnen im Prinzip mittlerweile geläufig ist: Klicken Sie in die jeweiligen Eingabefelder, und tippen Sie Ihren Namen und Ihre E-Mail-Adresse ein.

Konto erstellen oder anmelden

Es dauert nur 1-2 Minuten – und schon können Sie Ihre Kontakt nachdem Sie Skype heruntergeladen und installiert haben.

	Anmelden	Konto erstellen

Vorname*		Nachname*
Michael		Müller

Ihre E-Mail-Adresse*		E-Mail noch einmal ein
micha@gmx.de		micha@gmx.de

4 Dieses Mal werden Sie feststellen, dass Sie aufgefordert werden, auch allerlei persönliche Informationen - beispielsweise Ihren Wohnort oder Ihr Geburtsdatum - einzugeben. Dabei sollten Sie allerdings bedenken: Alle Informationen, die Sie hier als „Profilinformationen" hinterlegen, können von allen Skype-Teilnehmern eingesehen werden! Wenn Sie das nicht wünschen, füllen Sie nur die Felder aus, die mit einem Sternchen (*) gekennzeichnet sind. Denn dort *müssen* Sie Eingaben machen, bei den anderen Feldern hingegen nicht.

Geburtstag	Tag ▼	Monat ▼	Jahr ▼
Geschlecht:	Auswählen ▼		
Land*	Deutschland ▼		
Ort			
Sprache*	Deutsch ▼		

5 Nachdem Sie Skype per Mausklick mitgeteilt haben, ob Sie das Programm privat oder geschäftlich einsetzen wollen, können Sie sich einen Benutzernamen, im Beispiel ●, aussuchen und ein Passwort festlegen. Um festzustellen, ob der gewählte Name verfügbar ist, klicken Sie neben dem Formularfeld auf den kleinen blauen Kreis mit dem Fragezeichen: ●

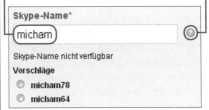

Skype-Name*

micham

Skype-Name nicht verfügbar

Vorschläge
○ micham78
○ micham64

6 Aus Sicherheitsgründen müssen Sie schließlich wieder nachweisen, dass Sie etwas können, was eine Maschine *nicht* kann (siehe Schritt 8 auf Seite 40): Entziffern Sie die Zeichenfolge im Feld ●,

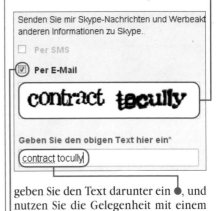

Senden Sie mir Skype-Nachrichten und Werbeakt anderen Informationen zu Skype..

☐ Per SMS

☑ Per E-Mail

contract tocully

Geben Sie den obigen Text hier ein*

contract tocully

geben Sie den Text darunter ein ●, und nutzen Sie die Gelegenheit mit einem Mausklick auf ● das Häkchen zu entfernen, um nicht in Werbeaktionen von Skype einbezogen zu werden. Mit Klicks auf die unterstrichenen Verknüpfungen können Sie die Geschäftsbedingungen und Bestimmungen von Skype laden und lesen, bevor Sie diese dann per Mausklick auf die Schaltfläche ● akzeptieren.

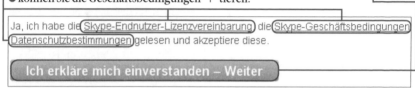

Skype installieren

Nach dem **Download** der Datei, der Ihnen im letzten Abschnitt gezeigt wurde, können Sie direkt mit der Installation des Skype-Programms beginnen.

1 Mit dem letzten Mausklick in Schritt 6 des vorigen Abschnitts gelangen Sie automatisch auf die Seite, von der aus die Installation des Programms in Gang gesetzt werden kann. Klicken Sie dazu im Browser auf die Schaltfläche ●.

2 Nun meldet sich wie üblich bei Programminstallationen die Benutzerkontensteuerung (siehe Kasten rechts) von Windows und lässt sich bestätigen, dass Sie dem Programm, das Sie im Begriff sind zu installieren, vertrauen. Wenn Sie dies per Klick auf

getan haben, startet der Installations-Assistent von Skype und will wissen, in welcher Sprache das Programm eingerichtet werden soll. Falls Ihre Sprache nicht automatisch voreingestellt sein sollte, öffnen Sie per Mausklick auf den Pfeil ● eine Liste und wählen darin mit einem weiteren Klick die gewünschte Sprache aus.

Die Benutzerkontensteuerung ist eine Sicherheitsfunktion von Windows Vista und Windows 7. Sobald sicherheitsrelevante Funktionen geändert werden, beispielsweise bei der Installation einer Anwendung, aber auch beim unerlaubten Zugriff eines Schadprogramms, tritt die Benutzerkontensteuerung in Aktion. Der Bildschirm verdunkelt sich, und es erscheint eine Sicherheitsabfrage. Erst wenn Sie mit einem Mausklick auf ● bestätigen, dass Sie von dem Zugriff Kenntnis haben und er – beispielsweise bei einer Installation – in Ihrem Interesse ist, wird die gewünschte Aktion ausgeführt. Um den Zugriff zu verhindern, klicken Sie auf ●.

Möchten Sie zulassen, dass durch das Programm Änderungen an diesem Co vorgenommen werden?

Programmname: Skype
Verifizierter Herausgeber: **Skype Technolo**
Dateiursprung: Aus dem Interne

etails anzeigen   Ja   Nein

3 Als Nächstes klicken Sie auf ●, um die Lizenzbedingungen aufzurufen.

Wenn Sie diese Anwendung installieren, haben Sie gelesen und akzeptiert den Skype-Endbenutzer-Lizenzvertrag und die Informationen zur Datensicherheit

Optionen   Stimme zu - Installieren   Abbr

Lesen Sie sie sich durch, und klicken Sie anschließend zum Zeichen Ihres Einverständnisses auf ●.

Anschließend erscheint ein Fenster, in dem Sie über den Fortschritt der Installation unterrichtet werden.

18% fertig - ca. 25 Sekunden verbleibend

Ist die Installation abgeschlossen, klicken Sie auf

Fertig stellen

4 Jetzt startet das Programm automatisch. (Sollte der automatische Programmstart nicht erfolgen, starten Sie Skype wie in der folgenden Anleitung im Schritt 1 beschrieben). Als Erstes müssen Sie sich mit Ihrem Skype-Namen und Ihrem Kennwort (siehe Schritt 5 im vorigen Abschnitt) anmelden: ●.

Gleichzeitig werden Sie vom Programm gefragt, ob Sie beim Skype-Start automatisch angemeldet werden wollen: ●.

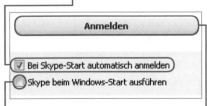

Das würde aber bedeuten, dass Ihre Anmeldedaten gespeichert werden. Sollte Ihnen das zu riskant sein, klicken Sie in das Kästchen, sodass der Haken darin verschwindet. Außerdem können Sie im Feld darunter festlegen, dass Skype mit dem Start von Windows automatisch mitgestartet werden soll. Wenn Sie das nicht für nötig erachten, können Sie die Option per Mausklick ausschalten. Das Kästchen ist dann leer: ●. Anschließend klicken Sie auf ●.

5 Damit ist Skype installiert und eingerichtet, und auf dem Bildschirm taucht Ihre Skype-Startseite auf.

Mit Skype telefonieren

Ehe Sie nun ans Telefonieren gehen, sollten Sie sicherstellen, dass Ihr Computer auch über einen „Telefonhörer" verfügt: Wenn Sie ein **Notebook** oder ein **Netbook** benutzen, ist das in der Regel kein Problem, denn solche Geräte verfügen meist über ein eingebautes Mikrofon und Lautsprecher. Ein **Desktop-Rechner** hingegen muss erst damit ausgestattet werden, beispielsweise mit einem **Headset**.

1 Auf dem Bildschirm Ihres Computers (und selbstverständlich auch im **Startmenü**) finden Sie künftig ein neues

Symbol: ●. Per Doppelklick darauf können Sie Skype direkt starten.

2 Zunächst mal wollen Sie sicher ausprobieren, ob auch alles funktioniert. Wenn Sie ein Headset benutzen, müssen Sie es zuvor verbinden und auf-

🔲 Headset – Ohrhörer mit Mikro

Wenn Sie mit dem PC telefonieren, sind sogenannte Headsets ausgesprochen praktisch.
Bei einem Headset handelt es sich um eine
Kombination von Kopfhörer und Mikrofon.
Das Gute daran ist, dass Sie beim Telefonieren die Hände freihaben, sich also Notizen
machen oder sogar auf der PC-Tastatur mit-
schreiben können.

Und dieser Komfort muss nicht teuer sein:
Preiswerte Headsets erhalten Sie im Fach-
handel schon für wenige Euro.

Die meisten Headsets werden über farbco-
dierte Klinkenstecker mit den entsprechenden
Buchsen am PC für Lautsprecher oder Kopfhörer (grün) und Mikro (rosa) verbunden. Teurere
Headsets gibt es auch mit **USB**-Steckern.

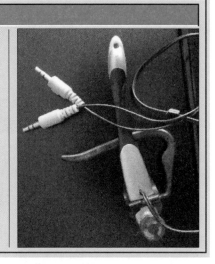

setzen, während Sie beim eingebauten
Klangequipment – beispielsweise im
Notebook – lediglich kontrollieren sollten, dass Lautsprecher und Mikrofon ein-
geschaltet sind. Klicken Sie dazu im Telefonverzeichnis, das Sie links in Ihrem
Skype-Fenster finden, auf den Eintrag ●
und anschließend rechts davon auf die
Schaltfläche ●.

3 Daraufhin schaltet Skype in den An-
ruf-Modus um. Sobald Sie ein Freizei-
chen gehört haben, meldet sich eine
freundliche Automatenstimme, die Sie
dazu auffordert, kurz ein paar Worte zu
sagen. Nach wenigen Augenblicken hören Sie ganz automatisch Ihre eigene
Ansage wieder und haben damit die
Gewissheit, dass Mikrofon und Lautsprecher korrekt installiert sind.

◳ Anmeldung bei Skype

Sollte sich, obwohl Sie bereits ein Skype-Konto haben, beim Programmstart das Fenster

Neues Skype-Konto

Sie haben bereits ein Skype-Konto? Anmelden

Name

Hinweis: Jeder kann diese Information sehen. Bitte

öffnen, so hat Skype Sie nicht erkannt. In diesem Fall klicken Sie auf ●. Nun können Sie im Anmeldefenster ●,

Willkommen bei Skype

Skype-Name:

Sie haben noch keinen Skype-Namen?

Kennwort:

Haben Sie Ihr Kennwort vergessen?

Anmelden

☑ Bei Skype-Start automatisch anmelden
☐ Skype beim Windows-Start ausführen

wie in der vorigen Anleitung in Schritt 4 beschrieben, Ihre Nutzerdaten eingeben und sich mit einem Klick auf ● anmelden.

Sollten Probleme auftauchen, beispielsweise die Stimmaufzeichnung nicht funktionieren, so kontrollieren Sie die Anschlüsse Ihres Headsets. Skype bietet Ihnen übrigens während des Testanrufs und auf seiner Internetseite Unterstützung bei Problemen mit dem Klangequipment.

Soundkarte nicht erkannt

Ihr Computer benötigt eine Soundkarte für Audiogespräche. Lesen Sie unseren Leitfaden zur Sound-Einrichtung für Skype oder stecken Sie ein Headset mit einer eigenen Soundkarte an.

4 Gleichzeitig bietet Ihnen dieser Testanruf die Möglichkeit, sich mit den Funktionen von Skype vertraut zu machen. Diese sind am unteren Bildrand abrufbar. Gleich links als erstes Symbol finden Sie die wichtigste Funktion eines Telefons: Per Mausklick auf diese Schaltfläche

beenden Sie ein Gespräch.

5 Mit einem Klick auf die zweite Schaltfläche ●

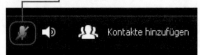

können Sie das Mikrofon während des

laufenden Gesprächs ausschalten – beispielsweise für den Fall, dass Sie sich mal räuspern müssen. Während der Stummschaltung erscheint ein entsprechendes Symbol im Skype-Fenster: ●.

6 Die dritte Schaltfläche ● schließlich erlaubt es Ihnen, die Lautstärke zu verändern: Klicken Sie auf dieses Lautsprechersymbol, erscheint ein Schieberegler: ●.

Wenn Sie ihn anklicken, die Maustaste gedrückt halten und ihn mit weiterhin gedrückter Maustaste nach oben oder unten ziehen, können Sie die Lautstärke ganz nach Wunsch korrigieren.

7 Ein weiteres interessantes Symbol befindet sich noch auf der rechten

Seite: ●. Per Klick darauf öffnet sich ein Ziffernfeld, das Sie mit der Maus bedienen können: ●.

⊟ Im Internet ist Skype-Telefonie gratis

Zwar können Sie mit Skype jeden beliebigen Telefonanschluss auf der Welt erreichen, doch das funktioniert mit jedem „normalen" Telefon ebenso. Bedenken Sie zudem, dass Verbindungen zu mobilen oder Festnetz-Anschlüssen auch bei Skype gebühren-pflichtig sind. Der große Vorteil von Skype besteht jedoch darin, dass Sie jeden beliebigen Skype-Teilnehmer weltweit im Internet kostenlos anrufen können. Dazu brauchen Sie allerdings die Kontaktdaten Ihrer Gesprächspartner. Wenn Sie Skype gezielt nutzen möchten, um den Telefonkontakt zu Freunden oder Verwandten im Ausland auf-rechtzuerhalten, dürfte dies kein Problem sein: Man tauscht die jeweiligen Skype-Benutzernamen aus und fügt diese zum Adressverzeichnis des Programms hinzu.

Über dieses Ziffernfeld können Sie auch „normale" Telefone im Fest- und Mobilnetz anrufen. Diese Funktion ist allerdings gebührenpflichtig und muss bei Skype extra gebucht werden.

Kontakte zum Skype-Verzeichnis hinzufügen

1 Um einen Kontakt einzutragen, klicken Sie in der Menüleiste des Programms als Erstes auf die Schaltfläche ● und anschließend im geöffneten Menü auf den Befehl ●.

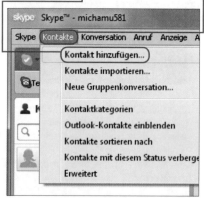

In der Kontakt-Spalte links im **Programmfenster** finden Sie übrigens eine Schaltfläche, mit der Sie denselben Effekt erzielen.

Und auch im Telefonfenster (siehe Abb. vorige Anleitung Schritt 6) findet sich ein Zugriff auf die gleiche Funktion.

2 Daraufhin öffnet Skype das Fenster „Kontakt hinzufügen". Das Hinzufügen eines neuen Kontaktes ist am einfachsten, wenn Sie den Skype-Benutzernamen Ihres Gesprächspartners genau kennen und somit direkt im untersten Feld ● eingeben können und danach auf die Schaltfläche ● klicken.

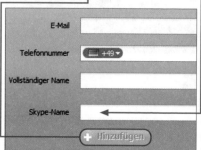

3 Was aber, wenn Sie sich an den Skype-Namen einer Person, mit der Sie telefonieren wollen, nicht mehr genau erinnern? Kein Problem: Tippen Sie zum Beispiel den Vor- und den Nachnamen des gewünschten Partners in das entsprechende Formularfeld, etwa ●.

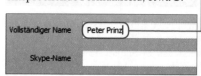

Skype sucht daraufhin automatisch nach Mitgliedern mit passenden Namen und teilt Ihnen nach wenigen Sekunden mit, wie viele Übereinstimmungen vorhanden sind, beispielsweise ●.

4 Klicken Sie nun neben dem Hinweis auf die Schaltfläche

[Anzeigen].

Anschließend listet Skype alle Mitglieder mit übereinstimmenden Namen auf. Darüber hinaus werden die Ländern und Orte angezeigt, anhand derer Sie den passenden Namensträger leichter identifizieren können. Diese zusätzlichen Informationen entnimmt das Programm übrigens den Antworten, die jedes Mitglied während der Anmeldung geben muss.

5 Sollte der gewünschte Gesprächspartner nicht dabei sein, klicken Sie unterhalb der Anzeige auf die Schaltfläche ●.

Daraufhin werden Ihnen die nächsten Kandidaten angezeigt. Wenn der richtige Kandidat gefunden ist, brauchen Sie nur noch unterhalb des jeweiligen Eintrags auf die Schaltfläche ● zu klicken.

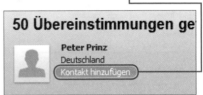

6 Als Nächstes erzeugt Skype automatisch eine Kontaktanfrage an den ausgewählten Gesprächspartner. Dieser muss Ihnen nämlich noch bestätigen, dass er damit einverstanden ist, wenn Sie ihn in Ihre Kontaktliste aufnehmen. Klicken Sie dazu auf ●.

7 Falls Ihnen dieser automatisch erstellte Text zu unpersönlich sein sollte, klicken Sie einfach in das Textfeld, markieren und löschen den Text und formulieren

Ihr Anliegen anders, im Beispiel ●. Danach genügt ein Mausklick auf ●.

Peter Prinz

Hallo Peter,
endlich habe ich Dich be Skype ausfindig gemacht.
Ich freue mich auf lange Gespräche.

Bis bald,
Michael Müller

Kontaktanfrage senden

Nun müssen Sie sich etwas gedulden,

denn ehe der von Ihnen ausgewählte Kontakt in Ihrem Skype-Verzeichnis erscheint, muss dieser Ihre Kontaktanfrage positiv beantworten. Ist dies geschehen, wird er automatisch hinzugefügt.

8 Nun können Sie nach Lust und Laune telefonieren. Starten Sie dazu Skype, wie in Schritt 1 auf Seite 50 gezeigt, markieren Sie mit einem Mausklick in Ihrem Telefonverzeichnis den gewünschten Kontakt, etwa ●, und klicken Sie dann auf die Schaltfläche ●.

skype Skype™ - raywiseman

Skype Kontakte Konversation Anruf Anzeige Aktionen Hilfe

▼ **Ray Wiseman** 🏠 | Fritz

Festnetz- und Mobiltelefone anrufen

👤 **Kontakte**   🕐 **Konversationen**

Q Suchen

Echo / Sound Test Service

Fritz

🖥 21:43 Bonn, Deutschland

Abwesend

□ Videoanruf   📞 Anrufen ▾   ⊡ Teilen

4 Alte und neue Freunde finden

Wie Sie in den bisherigen Kapiteln gesehen haben, sind E-Mail und Internettelefonie heutzutage unschätzbare Hilfsmittel, wenn es darum geht, mit Freunden, Verwandten, Bekannten und Geschäftspartnern zu kommunizieren. Was aber, wenn Sie den Kontakt zu Freunden suchen, die Sie aus den Augen verloren haben? Was, wenn Sie gerne jemanden finden würden, der vielleicht dasselbe Hobby hat wie Sie? Auch hier bietet das Internet eine Reihe von Möglichkeiten: Allerdings ist Vorsicht geboten, da Internetdienste wie Facebook – die übrigens als soziale Netzwerke bezeichnet werden – absolut inflationär mit dem Begriff „Freund" umgehen. Letztlich reduzieren diese sozialen Netze alle auf den Begriff „Freund", die sich irgendwie kennen oder kennen könnten. Nichtsdestotrotz bieten sie eine Basis, alte Bekannte wiederzufinden und mit ihnen erneut in Kontakt zu treten.

Im vierten Kapitel dieses Buches erfahren Sie,
- wie Sie sich im größten sozialen Netzwerk der Welt anmelden,
- wie Sie Ihre Facebook-Profilseite anlegen,
- wie Sie über Facebook mit Freunden kommunizieren
- und wie Sie mit dem Kurznachrichten-Dienst Twitter kommunizieren.

Kapitel-Wegweiser

Bei Facebook anmelden

Das soziale Netzwerk Facebook ist weltweit das größte seiner Art: Über 660 Millionen Anwender (Stand: Sommer 2011) haben sich hier angemeldet. Damit dürfte jeder vierte Mensch auf der Welt, der über einen Internetanschluss verfügt, Mitglied bei Facebook sein. So ist Facebook viel mehr als nur ein Internetdienst unter vielen.

Die weltweite Vernetzung mag attraktiv sein, trägt aber im Endeffekt mehr zum Verlust der Privatsphäre bei, als es sich die Menschen vor der Erfindung des Internets hätten träumen lassen. Somit sind soziale Netzwerke wie Facebook tatsächlich die Ausprägung eines Generationenwandels. Daran teilzunehmen heißt auch, es zu wagen, die Grenzen zwischen Alt und Jung zu überschreiten, was bisweilen etwas anmaßend sein mag. Dennoch hat die Teilnahme an der großen und letztlich altersunabhängigen Vernetzung – bei aller Skepsis – durchaus auch belebende Elemente.

1 Um selbst Teil dieser Gemeinschaft zu werden, geben Sie zunächst die Adresse **de-de.facebook.com**

in die **Adresszeile** Ihres **Browsers** ein und bestätigen wie gewohnt mit der ⏎-Taste. Daraufhin öffnet sich die Facebook-Startseite:

Bereits auf der Startseite können Sie sich als neues Facebook-Mitglied anmelden: Dazu füllen Sie einfach die Eingabefelder am rechten Rand mit Ihren persönlichen Daten aus, im Beispiel ●. Auch für Facebook müssen Sie sich ein Passwort ausdenken, das in das Feld ●

Registrieren
Facebook ist und bleibt kostenlos.

Vorname:	Michael
Nachname:	Müller
Deine E-Mail:	michamu@gmx.de
E-Mail nochmals eingeben:	michamu@gmx.de
Neues Passwort:	••••••••••••
Ich bin:	Männlich ▼
Geburtstag:	12 ▼ Juni ▼ 1958 ▼

Warum muss ich meinen Geburtstag angeben?

Registrieren

gehört. Zum Schluss klicken Sie auf die Schaltfläche ●.

Im nächsten Fenster müssen Sie wieder einen sogenannten Captcha Code identifizieren (siehe Schritt 8 auf Seite 40). Geben Sie die angezeigte Zeichenfolge, im Beispiel ●, in das Feld ●

Gib beide Wörter, von einem Leerzeichen getrennt, unten ein.
Du kannst die untenstehenden Wörter nicht lesen? Versuche ande
ein Audiocaptcha.

tionseds chokpo

Text im Feld: tionseds chokpo   Was ist das?

ein, und klicken Sie abermals auf ●.

tionseds

Text im Feld: tionseds chokpo   Was ist das?

◀ Zurück   Registrieren

Indem du auf „Registrieren" klickst, bestätigst du, dass du die Nutzungsbedi
Datenschutzrichtlinien gelesen hast und diesen zustimmst.

Nun unternimmt Facebook bereits den ersten Versuch, Ihre Bekannten ausfindig zu machen. Basis dafür sind die Kontaktdaten aus Ihrem E-Mail-Programm. Daher braucht das Programm nicht nur Ihre E-Mail-Adresse ●, sondern auch Ihr E-Mail-Passwort ●.

Sind deine Freunde schon bei Facebook?
Viele deiner Freunde sind vielleicht schon hier. Das Durchsuchen
schnellste Weg, um deine Freunde auf Facebook zu finden.

GMX GMX

Deine E-Mail: michamu@gmx.de

E-Mail-Passwort: •••••••••

Freunde finden

🔒 Dein Passwort wird vo

Allerdings sollten Sie sich genau überlegen, ob Sie diese Leistung tatsächlich in Anspruch nehmen und Ihr Kennwort für Ihr E-Mail-Postfach preisgeben wollen, auch wenn Facebook verspricht, das Passwort nicht zu speichern.

Auf Wunsch können Sie diesen Schritt per Klick auf die Schaltfläche ● rechts unten überspringen.

Diesen Schritt überspringen

5 Wenn Sie sich allerdings entschlossen haben, Facebook nach Ihren Bekannten fahnden zu lassen, klicken Sie nach Eingabe des Passworts auf

Freunde finden
.

Daraufhin importiert Facebook die entsprechenden Kontaktdaten, die Sie für jene Personen gespeichert haben, mit denen Sie in E-Mail-Verbindung stehen.

Kontakte importieren

Wird authentifiziert...

6 Nach kurzer Zeit sehen Sie die Kontaktdaten, die Facebook Ihrem E-Mail-Programm entnommen hat. Wenn Sie Ihr E-Mail-Postfach erst kürzlich eingerichtet haben, dürfte die Anzahl dieser Namen überschaubar bleiben. Wenn Sie möchten, können Sie die aufgelisteten Kontakte per Klick auf ● nun einladen. Sie sollten aber bedenken, dass nicht jeder erfreut ist, eine automatische E-Mail von einem sozialen Netzwerk zu erhalten, mit dem er nicht freiwillig in Verbindung getreten ist. Um diese automatische Einladung von Facebook zu verhindern, klicken Sie auf die Schaltfläche ●.

7 Im nächsten Schritt haben Sie die Möglichkeit, weitere Informationen zu Ihrer Person zu hinterlegen. Dadurch ist es für Facebook leichter, zum Beispiel alte Freunde aus Ihrer Schul- oder Universitätszeit für Sie ausfindig zu machen. Klicken Sie also in die jeweiligen Eingabefelder, und tippen Sie die Daten ein.

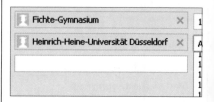

Für die Zeitangaben öffnen Sie per Klick auf den Pfeil ●

eine Auswahlliste, aus der Sie die gewünschte Jahreszahl mit einem weiteren Mausklick markieren können. Auch

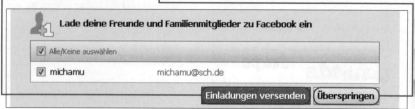

hier können Sie die Eingabe bei Bedarf wieder überspringen. Klicken Sie dazu auf

Überspringen

.

8 Zu guter Letzt können Sie ein Foto von sich bei Facebook hinterlegen. Entweder Sie laden dieses Foto aus einer Datei, die bereits auf Ihrem Rechner gespeichert ist, oder Sie nehmen es jetzt extra mit einer an Ihren PC angeschlossenen Webcam auf. Klicken Sie also entweder auf ● oder auf ●,

und folgen Sie den jeweiligen Anweisungen auf dem Bildschirm. Sowie das gewählte Foto im Vorschaufenster erscheint, klicken Sie auf die Schaltfläche ●.

9 Damit ist Ihr Facebook-Profil fertig. Bei Bedarf können Sie nun nach einem Mausklick auf ● weitere Informationen über sich eingeben.

Oder Sie suchen gezielt Freunde und Bekannte, von denen Sie wissen, dass sie auch bei Facebook aktiv sind: Dazu geben Sie einfach deren E-Mail-Adresse in das entsprechende Eingabefeld ein, im Beispiel ●,

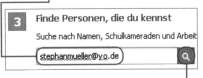

und klicken dann auf die Lupe ●.

ℹ Freunde werden angeschrieben

Wenn Sie jemanden als „Freund" aufnehmen möchten, gehört dieser noch nicht automatisch zu Ihren Facebook-Kontakten. Er erhält zunächst in Ihrem Namen lediglich eine Anfrage, und nur wenn er in dieser Anfrage bestätigt, dass er den Kontakt zu Ihnen wünscht, gelten Sie in Facebook als befreundet und können gegenseitig auf die Informationen zugreifen, die Sie für Ihre Freunde freigegeben haben. Wie diese Freigabe erfolgt und wie Sie Ihre Privatsphäre schützen, erfahren Sie im nächsten Abschnitt.

10 Wenn Facebook ein Mitglied mit der von Ihnen eingegebenen E-Mail-Adresse findet, wird es in einem Extrafenster angezeigt, im Beispiel ●. Damit das Mitglied Ihrem Facebook-Freundeskreis hinzugefügt wird, brauchen Sie hier nur auf die Schaltfläche ● zu klicken.

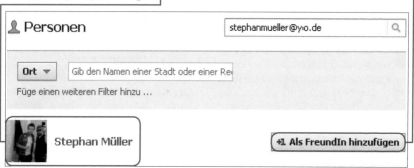

Die Privatsphäre schützen

Wer Mitglied bei Facebook ist, gibt Daten von sich preis. Daher ist es nicht unwichtig zu wissen, wer was vom eigenen Profil zu sehen bekommt. Mit bestimmten Einstellungen können Sie hier zumindest etwas Einfluss nehmen.

1 Im Zuge Ihrer Anmeldung bei Facebook haben Sie bereits eine Reihe von Informationen zu Ihrer Person gegeben. Dieses sogenannte **Profil** ist das, was andere Facebook-Mitglieder von Ihnen sehen können. Um sich selbst einen Eindruck davon zu verschaffen, wie Sie auf andere wirken, klicken Sie in der Menüleiste von Facebook auf ●.

Daraufhin erscheint Ihre Facebook-Visitenkarte, die im Prinzip jetzt mehr als 660 Millionen Menschen ebenfalls ansehen können. Hier finden sich alle Angaben, die Sie seit der ersten Anmeldung bei Facebook hinterlegt haben.

2 Zunächst einmal sollten Sie alle Angaben genau kontrollieren und außerdem bedenken, ob Sie wirklich möchten, dass diese Daten für alle Welt sichtbar sind. Immerhin können Sie nicht davon ausgehen, dass alle Menschen, die Ihr Profil sehen, genauso nett sind wie Sie selbst. Um kein Risiko einzugehen und festzulegen, wer welche Informationen über Sie einsehen kann, klicken Sie ganz rechts in der Menüzeile erst auf ● und im geöffneten Menü dann auf den Eintrag ●.

3 Nun sehen Sie eine Übersicht, welche Ihrer Daten für wen einsehbar sind. Facebook unterscheidet hier drei Kategorien: ●. Gleichzeitig sehen Sie die Voreinstellungen von Facebook: ●.

4 Um sicherzustellen, dass ausschließlich Ihre Facebook-Freunde Ihre Daten einsehen können, klicken Sie einfach auf die Schaltfläche ●.

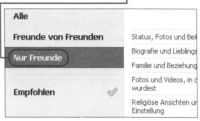

Das Ergebnis wird sofort in der Übersicht rechts davon angezeigt: ●.

	Alle	Freunde von Freunden	Nur Freunde
			●
			●
			●
du markiert		●	
tische			●

Mit einem Mausklick auf ● wird Ihre Profilseite entsprechend angepasst.

Diese Einstellungen übernehmen

		Alle	Freunde von Freunden	Nur Freunde
Alle	Status, Fotos und Beiträge	●		
Freunde von Freunden	Biografie und Lieblingszitate	●		
Nur Freunde	Familie und Beziehungen	●		
	Fotos und Videos, in denen du markiert wurdest		●	
Empfohlen ✓	Religiöse Ansichten und politische Einstellung		●	

5 Sollte Ihnen dieses Vorgehen zu allgemein sein, haben Sie auch die Möglichkeit, die Privatsphäre-Einstellungen jeder einzelnen Kategorie gesondert zu bearbeiten. Dazu klicken Sie auf

> ✏ Benutzerdefinierte Einstellungen

⚡ Kategorien schützen die Privatsphäre

Die Liste der Kategorien, die Sie in den „Benutzerdefinierten Einstellungen" bearbeiten können, ist ausgesprochen lang und untergliedert sich in jene Dinge, die Sie selbst von und über sich mitteilen,

> **Dinge, die ich teile**

und Dinge, die andere über Sie zu sagen haben.

> **Dinge, die andere Personen teilen**

Zur ersten Kategorie gehören Ihre Angaben zu Ihrer Familie, Religion, persönliche Daten und Ihre Beiträge in Facebook, während zur zweiten Kategorie all das gehört, was andere Personen zu Ihnen beitragen, angefangen von Fotos und Videos, in denen Sie vorkommen, bis hin zu Kommentaren und Auskünften über Ihren Aufenthaltsort. Schließlich gibt es noch die Rubrik der Kontaktinformationen, die genau das von Ihnen enthält: Namen, Anschrift und E-Mail-Adresse. Das Gute ist: Sie können bei allen Punkten detailliert einstellen, wer was zu sehen bekommt, ob nun alle Facebook-Teilnehmer oder Ihre Freunde samt deren Bekannten, vielleicht noch enger eingegrenzt auf ausschließlich Ihre Freunde. Ja, die preisgegebenen Informationen lassen sich sogar benutzerdefiniert namentlich auf bestimmte Personen beschränken. Allerdings ist Facebook von Haus aus recht lax mit der Datenfreigabe. Also sollten Sie Ihre Privatsphäre-Einstellungen gewissenhaft und gleich am Anfang Ihrer Facebook-Laufbahn auf das gewünschte Maß begrenzen. Und bedenken Sie: Freigeben lassen sich Informationen später immer noch, zurückholen und in Vergessenheit bringen kann man hingegen kaum, was einmal ans Licht der Öffentlichkeit gedrungen ist.

---

6 Wie im Kasten oben beschrieben, können Sie zu jeder einzelnen Kategorie exakt bestimmen, wer die entsprechenden Daten sehen darf.

Beiträge von mir Standardeinstellungen für Beiträge, einschließlich Statusmeldungen und Fotos	🔒 **Freunde von Freunden** ▾
Familie	🔒 **Nur Freunde** ▾
Beziehungen	🔒 **Nur Freunde** ▾

Klicken Sie dazu neben der jeweiligen Kategorie auf die Pfeil-Schaltfläche, etwa ●, und in der daraufhin aufklappenden Liste auf den gewünschten Eintrag, beispielsweise ●.

7 Um zwischendurch nicht den Überblick zu verlieren, können Sie jederzeit nachsehen, wie Ihre Profilseite nun „von außen" aussieht: Klicken Sie dazu einfach auf

Vorschau für mein Profil

Im Beispielfall sehen Sie, dass nun deutlich weniger Informationen allgemein sichtbar sind. Um die Privatsphäre-Einstellungen weiter zu ändern, reicht ein Mausklick auf ●.

8 Wenn Sie anschließend mit je einem Mausklick auf ●

Startseite Profil Freunde finden

und auf den Eintrag

✏ Profil bearbeiten

wieder zur Bearbeitung Ihres Facebook-Profils zurückkehren, haben Sie die Gelegenheit, Ihren Freunden und all jenen, für die Sie zuvor die Informationen freigegeben haben, etwas mehr über sich mitzuteilen – etwa welche Musik, Literatur oder Filme Sie bevorzugen.

Mit Facebook-Freunden kommunizieren

Ein zentrales Merkmal von Facebook besteht darin, dass deren Mitglieder sich gerne untereinander austauschen. Wenn Sie also Ihre Freunde über das, was Sie gerade interessiert, auf dem Laufenden halten möchten, gehen Sie folgendermaßen vor:

1 Die Funktion des früher bekannten Schwarzen Brettes übernimmt bei Facebook die sogenannte **Pinnwand**. Den entsprechenden Eintrag finden Sie, wenn Sie Ihr Profil (wie in Schritt 1 auf Seite 62 gezeigt) aufgerufen haben, unterhalb Ihres Fotos: ●.

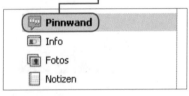

Per Klick darauf erscheint ein neues Menü. Je nachdem, welchen der zahlreichen Einträge Sie hier anklicken, können Sie unterschiedliche aktuelle Informationen bei Facebook veröffentlichen.

2 Wenn Sie hier beispielsweise auf ● klicken, können Sie den anderen mitteilen, was Sie gerade treiben. Denn daraufhin öffnet sich ein Textfeld, in dem Sie Ihre Gedanken eintippen können, etwa ●.

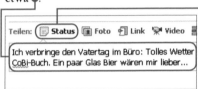

Mit einem Mausklick auf die Schaltfläche

Teilen

veröffentlichen Sie diese Information.

3 Attraktiv ist zudem, dass Sie auch ein Foto mit einem Kommentar zu Facebook hochladen und Ihren dortigen Freunden zeigen können. Das Verfahren ist vergleichbar: Klicken Sie als Erstes auf ●, und wählen Sie anschließend mit einem Mausklick auf ●

wie gewohnt eines Ihrer auf dem Rechner gespeicherten Bilder aus. Die Veröffentlichung des ausgewählten Fotos erfolgt auch hier über die Schaltfläche

Teilen .

4 Wenn Sie danach zu Ihrer Profilseite zurückkehren, sehen Sie alle neuen Einträge – und zwar genau so, wie auch Ihre Facebook-Freunde sie sehen können.

Bei Twitter anmelden

Einen ganz anderen Ansatz zur Kommunikation mit Freunden und Bekannten bietet die Plattform Twitter. Twitter ist ein sogenannter **Kurznachrichten**-Dienst, über den Sie Meldungen von je 140 Zeichen Länge verschicken und von anderen Teilnehmern verfolgen können. Somit sind die Meldungen etwas kürzer als die sogenannten SMS, mit denen man sich rasch und unkonventionell in Schriftform über Handys austauscht. Und tatsächlich standen die 160 Zeichen des „Short Message Service" (SMS) Pate. Twitter begann mehr oder weniger als Nachrichtendienst zu den Vorkommnissen des privaten Alltags und entwickelte sich mit der Zeit zu einem weltumspannenden Informationsticker, der durchaus auch große politische Ereignisse kommuniziert.

Und genau diese Mischung aus privaten Bekenntnissen und globalen Mitteilungen macht es so spannend, den Autoren bei Twitter in ihren Aktivitäten zu folgen. Daher bezeichnet man übrigens auch diejenigen, die die Nachrichten anderer Personen nachverfolgen, als deren „**Follower**", also, etwas mittelalterlich ausgedrückt, ihre Gefolgsleute. Doch es ist nicht schwer, sich irgendwann von der Dynamik anstecken zu lassen und selbst aktiv zu werden. Es geht ganz einfach: Sie müssen nur in die Tasten greifen.

1 Sie erreichen die Startseite von Twitter, indem Sie in die Adresszeile Ihres Browsers die Adresse **www.twitter. com**

eintippen und wie üblich mit der ⏎-Taste bestätigen.

2 Auch hier finden Sie die Eingabefelder zur Anmeldung wieder direkt auf der Startseite. Geben Sie also die erforderlichen Daten ein, im Beispiel ●, denken Sie sich ein Passwort aus, und klicken Sie anschließend auf die Schaltfläche ●.

3 Daraufhin zeigt Twitter die soeben eingegebenen Informationen an und schlägt Ihnen Nutzernamen vor, unter denen Sie bei Twitter erscheinen würden, im Beispiel ●.

Sie können natürlich auch einen anderen Namen wählen: Twitter überprüft automatisch, ob der gewählte Name verfügbar ist. Wenn nicht, erhalten Sie einen entsprechenden Hinweis: ●

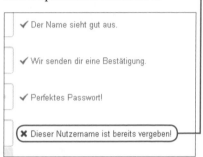

Haben Sie sich entschieden, genügt ein Mausklick auf die Schaltfläche ●.

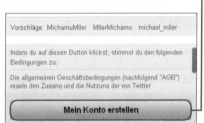

4 Damit sind Sie schon bei Twitter angemeldet und können nun festlegen, was Sie besonders interessiert beziehungsweise welche Mitteilungen, die über das Netzwerk verschickt werden, Sie gerne lesen möchten. In der Twitter-Terminologie spricht man in dem Zusammenhang davon, dass Sie einer Person und ihren Äußerungen „folgen". Dazu schlägt Twitter Ihnen einige mögliche Interessengebiete vor. Klicken Sie bei den Themen beispielsweise auf .

5 Twitter bietet Ihnen anschließend eine Reihe von interessanten Gesprächsfäden („Tweet" genannt), denen Sie folgen könnten. Sobald Sie hier etwas entdecken, das Sie interessiert, klicken Sie einfach neben diesem Angebot auf die Schaltfläche „Folgen", im Beispiel ●.

Daraufhin taucht eine neue Schaltfläche auf: ●.

Wie Sie Tweets jetzt folgen und selber verfassen, lesen Sie im nächsten Abschnitt auf Seite 70.

6 Sollten Sie irgendwann kein Interesse mehr an dem Angebot haben oder die Schaltfläche versehentlich an-

geklickt haben, können Sie Ihre Entscheidung auch wieder rückgängig machen. Führen Sie dazu einfach den Mauszeiger auf die Schaltfläche

✔ Folge ich!

.

Abermals ändert sich die Bezeichnung der Schaltfläche sowie die Farbe: ●.

Ein Mausklick darauf kündigt die Gefolgschaft wieder.

7 Selbstverständlich steht es Ihnen frei, den Namen eines Bekannten, dessen Mitteilungen Sie folgen wollen, auch direkt ins Eingabefeld oben auf der Seite einzutippen, im Beispiel ●.

rainer bartel

Twitter präsentiert Ihnen sofort mögliche Treffer. Auch hier können Sie das gewünschte Angebot mit einem Mausklick auf ● wahrnehmen.

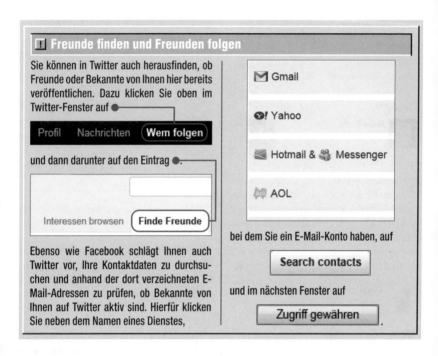

□ Freunde finden und Freunden folgen

Sie können in Twitter auch herausfinden, ob Freunde oder Bekannte von Ihnen hier bereits veröffentlichen. Dazu klicken Sie oben im Twitter-Fenster auf ●

Profil   Nachrichten   **Wem folgen**

und dann darunter auf den Eintrag ●

Interessen browsen   **Finde Freunde**

Ebenso wie Facebook schlägt Ihnen auch Twitter vor, Ihre Kontaktdaten zu durchsuchen und anhand der dort verzeichneten E-Mail-Adressen zu prüfen, ob Bekannte von Ihnen auf Twitter aktiv sind. Hierfür klicken Sie neben dem Namen eines Dienstes,

✉ Gmail

☉! Yahoo

✉ Hotmail & 👥 Messenger

▲ AOL

bei dem Sie ein E-Mail-Konto haben, auf

Search contacts

und im nächsten Fenster auf

Zugriff gewähren .

Per Twitter kommunizieren

1 Um den von Ihnen ausgewählten Tweets folgen zu können, klicken Sie zunächst oben auf der Start-Seite auf das Twitter-Logo ●

2 Beim ersten Mal werden Sie darauf aufmerksam gemacht, dass Sie Ihren neuen Twitter-Account noch nicht bestätigt haben. Twitter hat nämlich unterdessen eine E-Mail an Sie geschickt und wartet auf eine Bestätigung.

Du musst noch die Änderung deiner Email Adre
nicht geändert, bis du diesen Schritt vollzogen hast!
Bestätigung erneut senden. · Diese Email Adresse l

twitter Suchen

Wechseln Sie also kurz zu Ihrem E-Mail-Posteingang. Hier finden Sie eine Nachricht von Twitter vor, in der Sie dann nur

auf den angezeigten Link, im Beispiel ●

zu klicken brauchen.

3 Anschließend öffnet sich automatisch ein neues **Browser**-Fenster, in dem die neuesten Mitteilungen der von Ihnen abonnierten Tweets aufgelistet sind.

In der Spalte rechts daneben macht Twitter Ihnen einige Vorschläge, was Sie als Nächstes tun könnten. Um eine eigene Mitteilung zu verfassen, klicken Sie in diesem Bereich ganz oben einfach auf ●

4 Daraufhin erscheint ein Fenster, in dem Sie Ihren ersten Tweet eingeben können. Bedenken Sie aber: 140 Zeichen sind nicht viel, fassen Sie sich also kurz. Während Sie Ihren Text eintippen,

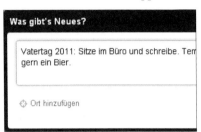

sehen Sie hier ●, wie viele Zeichen Ihnen noch bleiben. Wenn Sie fertig sind, beenden Sie Ihre Eingabe mit einem Mausklick auf ●

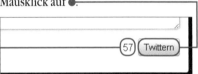

5 Damit haben Sie Ihren ersten Rundgang durch Twitter beendet. Wenn Sie die Twitter-Seite das nächste Mal aufsuchen möchten, rufen Sie die Seite in Ihrem Browser auf, wie in Schritt 1 auf Seite 67 gezeigt. Dann können Sie sich gleich direkt mit Ihrem Benutzernamen und Ihrem Passwort anmelden (siehe Seite 68) und sofort zu Ihrer persönlichen Startseite wechseln, indem Sie auf ● klicken.

5 Hörgenuss, Filmvergnügen und Lesespaß im Internet

Wohl jeder weiß, dass Computer nicht allein dazu da sind, Texte zu schreiben, Daten zu verwalten oder Rechenoperationen durchzuführen. Darüber hinaus bieten sie die herrliche Möglichkeit, sich bei Spielen zu entspannen. Auch das Internet ist nicht ausschließlich dazu geeignet, Informationen zu sammeln oder zu verteilen und über E-Mail-Systeme oder soziale Netzwerke zu kommunizieren. Es hält zudem eine breite Palette von Unterhaltungsangeboten bereit, und das durchaus auf einem gewissen Niveau: Sie finden ein reiches Angebot an Musik aller Gattungen, an Filmen, Büchern und Hörbüchern. Das ist nicht nur wegen der phänomenalen Auswahl praktisch: Wer in weniger dicht besiedelten Regionen wohnt, kann sich damit in vielen Fällen auch mühselige, hin und wieder sogar unnötige Anfahrten ersparen. Ein weiterer Vorteil von Medien, die in digitaler Kopie übers Internet auf den PC übertragen werden: Sie sind nie ausverkauft oder gerade entliehen. Das spart so manchen Ärger und überflüssigen Weg.

Im fünften Kapitel dieses Buches erfahren Sie,
● welche Musikangebote es im Internet gibt,
● wie Sie Videos auf YouTube finden,
● wie Sie sich im Internet einen Film ausleihen
● und wie Sie im Internet Bücher finden.

Kapitel-Wegweiser

Radio hören im Internet

Beim Radioempfang spielt das Internet seine ganze Stärke aus, denn in der realen Welt ist das Angebot an Radiostationen eingeschränkt: Terrestrische Frequenzen sind knapp, Kabelanbieter haben ebenfalls nur begrenzte Kapazitäten, und selbst Satellitenempfänger haben ihre Grenzen. Im Internet dagegen sind Radioprogramme nichts anderes als Datenpakete, die in fast beliebiger Menge und Bandbreite übertragen werden können. So haben Sie die Gelegenheit, auch Radiosender auf anderen Kontinenten zu verfolgen oder einen Sender zu finden, der ausschließlich die von Ihnen bevorzugte Musikrichtung im Programm hat.

1 Fast alle Radiosender bieten ihre Programme auch online an. Damit Sie Ihren Lieblingssender übers Internet finden, geben Sie einfach dessen Namen im **Browser** ein, im Beispiel ●.

Nach der üblichen Bestätigung mit der ⏎-Taste erscheint die Startseite des gewünschten Senders, hier ●.

2 Bei den meisten Radiosendern werden Sie gleich auf der Startseite eine Schaltfläche finden, die ähnlich aussieht wie diese:●.

Per Mausklick darauf öffnet sich ein neues Fenster, in dem ein sogenanntes Abspielprogramm – **Player** genannt – gestartet werden kann. Im vorliegenden Beispiel werden Ihnen drei verschiedene Musikformate angeboten, die mit unterschiedlichen Playern wiedergegeben werden: ●.

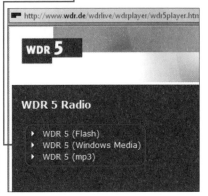

3 Welches der **Abspielformate** sich für Ihren Rechner am ehesten eignet, hängt davon ab, welche Hilfsprogramme hier bereits installiert sind – etwa, weil sie zum Lieferumfang Ihres PCs zählen. Glücklicherweise müssen Sie sich hier keine Gedanken machen: Probieren Sie einfach per Mausklick aus, welcher Player funktioniert. Im Idealfall öffnet sich das entsprechende Player-Fenster, und die Wiedergabe des Senders startet automatisch.

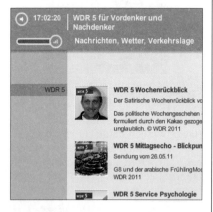

Andernfalls probieren Sie einfach den nächsten Player aus.

4 Jetzt werden Sie auch einen weiteren Vorteil des Internetradios hören: Anders als bei der terrestrischen Übertragung per Antenne ist die akustische Qualität oft deutlich besser.

Die Steuerung der Wiedergabe erfolgt wie üblich über die Bedienleiste am unteren Fensterrand. Die einzelnen Bedienelemente können je nach Player ein anderes Aussehen und eine unterschied-

liche Anordnung haben, beispielsweise beim Windows Media Player ●

oder beim Flash-Player ●,

doch das ist nicht problematisch. Im Prinzip lassen sich die Wiedergabe-Programme genauso steuern wie beispielsweise ein echter CD-Player, nur dass die Symboltasten nicht mit dem Finger gedrückt, sondern mit der Maus angeklickt werden.

5 Die Auswahl an Sendern im Internet ist nahezu unüberschaubar. Das allerdings wirft die Frage auf, wie man aus diesem Angebot den richtigen Sender findet. Eine wertvolle Hilfe stellt beispielsweise die Seite „Metagrid" dar, die mehr als 6500 Internet-Radiosender nennt. Um sie aufzurufen, geben Sie die Adresse **radio.metagrid.de** in die **Adresszeile** ●

⊘ http://radio.metagrid.de   ⌕ ▾ ☒ →

Ihres Internetzugriffsprogramms ein.

⊞ Steuertasten für das Radioprogramm

Genau wie das Radio gibt auch der PC das laufende Radioprogramm einfach wieder. Viel zu steuern bleibt da nicht. Wichtig für die Wiedergabe des laufenden Radioprogramms ist vor allem der Lautstärkeregler

oder

Durch Ziehen des Schiebereglers ❶ mit gedrückter Maustaste stellen Sie die Lautstärke ein, per Klick auf ❷ schalten Sie den Ton aus und danach wieder an. Um die Wiedergabe zu stoppen, klicken Sie einfach auf das

Symbol ● oder auf ●

oder das entsprechende Symbol eines anderen Players, beispielsweise ●.

Und mit einem Mausklick auf

oder beim Flash Player auf

starten Sie die Wiedergabe erneut.

Nach der üblichen Eingabebestätigung wird die gewünschte Seite angezeigt.

METAGRID
Zeitungen

METAGRID
Geschenkideen

METAGRID

6500 Webradios und Radiosender finden

Radio@Metagrid.de ist de
redaktionell gepflegte Kat
Radiosender und Webradi

6 Die unterschiedlichen Radiosender werden hier sowohl nach Regionen

als auch nach Themen ●,

> Radiosender nach Themen
> DAB Radios
> Dance
> Deutschland
> Elektronische Musik

also den verschiedenen Musikrichtungen, sortiert. Wenn Sie sich beispielsweise für klassische Musik interessieren, klicken Sie in dieser Liste auf den Eintrag ●.

> Jazz
> Klassik
> Kostenpflichtige Online-Sender

7 Sofort taucht eine beeindruckend umfangreiche Zusammenstellung von entsprechenden Radiosendern auf. Per Klick auf eine dieser Stationen, etwa ●,

Radiosender nach Themen **Klassiksender**

Klassik Radio

Neues zum Programm, Live-Stream, Playlist u‍ alle Frequenzen im Internet. Klassik Radio biet‍ bundesweit die großen Hits der Klassik in eine‍ Mix aus Filmmusik, New Classics und der Klass‍ Lounge.

Link defekt? Meld‍

🎵 🎵 🎵 🎵 🎵 🎵 4125 Punkte

öffnet sich ein neues Fenster mit der Startseite des ausgewählten Senders.

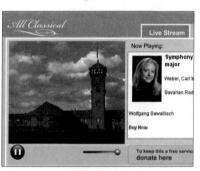

Musik kaufen im Internet

Das Internetradio ist aufgrund seiner großen Bandbreite an Sendern zwar schon ein echter Gewinn. Sie können allerdings keinen Einfluss auf die konkrete Auswahl der einzelnen Musikstücke nehmen, geschweige denn einen Titel auf Wunsch noch ein weiteres Mal hören. Das ist bei einer CD, die Sie im Plat-

⚠ Vorsicht bei Gratisangeboten

Auf manchen Internetseiten werden Ihnen Musikstücke auch gratis oder als unglaubliche Billigangebote offeriert. Hier ist Vorsicht geboten: Niemand hat etwas zu verschenken! Das gilt auch im Internet und für Interpreten, Komponisten, Texter und Musikverlage. Daher ist es beinahe selbstverständlich, dass man für gute Musik auch im Internet bezahlen muss. Wer Ihnen etwas anderes verspricht, handelt vielleicht mit Lizenzen, bei denen er gar kein Recht hat, sie zu vertreiben. Wenn Sie solch ein Musikstück aus einer unautorisierten Quelle laden, spricht man von

einer Raubkopie. Der Name sagt schon, dass sowohl der Vertrieb als auch der Besitz illegal sind. Vor allem aber verdient der Künstler nichts an seinem Werk. Und daher sollten Sie von solchen Offerten die Finger lassen.
Ein gutes Merkmal, um sich von der Seriosität einer Internetseite zu überzeugen, sind übrigens die Allgemeinen Geschäftsbedingungen (AGB), die auf allen Internetseiten, die Ihnen etwas verkaufen wollen, per Mausklick abrufbar sein müssen.
Achten Sie darauf, und lesen Sie diese durch! Schließlich geht es um Ihr Geld und Ihre Ware.

tenladen kaufen, natürlich anders. Auch im Internet gibt es solche „Plattenläden", in denen Sie Musikstücke auswählen und kaufen können. Nur dass Sie diese Musik dann nicht auf einer Scheibe kaufen, auf der die Stücke gespeichert sind, sondern direkt als Datei auf Ihren PC laden und dort wiedergeben. Dieser Vorgang wird als **Download** bezeichnet. Sie haben dann also keine CD in der Hand, sondern die Musikdatei auf dem Rechner.

1 Ein bekannter Internetshop, der Musik und andere Medien in großer Auswahl anbietet, ist Musicload. Sie erreichen die Seite, indem Sie die Adresse **www.musicload.de** in Ihren Browser eingeben und wie gewohnt mit der ⏎-Taste bestätigen. Wenn Sie auf der Startseite von Musicload

den Mauszeiger in der Navigationsleiste oben auf den Eintrag ● führen, werden in der Zeile darunter die Hauptkategorien verschiedener Musikrichtungen sichtbar: ●

2 Treffen Sie hier Ihre Auswahl per Mausklick, beispielsweise auf ●

Daraufhin finden Sie Neuheiten, Hits und weitere Unterkategorien des von Ihnen ausgewählten Genres: ●

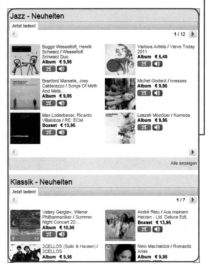

3 Wenn Sie dagegen gezielt ein bestimmtes Album oder auch nur ein bestimmtes Musikstück suchen, hilft Ihnen die Suchfunktion von Musicload.de weiter. Tippen Sie dazu in das entsprechende Eingabefeld den Namen der Gruppe oder des Künstlers ein, etwa ●,

und klicken Sie danach rechts davon auf die Schaltfläche ●.

4 Anschließend werden alle verfügbaren Alben des Künstlers aufgelistet, im Beispiel ●.

Nachdem Sie das gesuchte Album mit einem Mausklick ausgewählt haben, beispielsweise ●, werden das Cover und alle wesentlichen technischen Daten (wie Länge, Dateiformat) angezeigt. Auch der Kaufpreis erscheint an oberster Stelle, im Beispiel ●.

ℹ️ Dateiformate für Musikdateien

Es gibt verschiedene Dateiformate für Musikdateien. Die beiden gängigsten Formate sind hierbei MP3 und WMA, die Sie beide direkt mit dem Windows Media Player auf Ihrem PC wiedergeben können. Andere Audioformate wie AAC und Ogg Vorbis brauchen in Windows Ergänzungen (Plug-ins) oder Zusatzprogramme. WMA und AAC eignen sich auch dafür, ein digitales Rechtemanagement (DRM) zu hinterlegen, das ungerechtfertigtes Kopieren verhindert. Vor allem für den Fall, dass Sie die Musikdateien später auf ein mobiles Abspielgerät übertragen möchten, müssen Sie auf das Dateiformat achten, da nicht alle MP3-Player alle Formate wiedergeben können.

5 Im unteren Teil der Seite finden Sie die einzelnen Stücke des Albums. Rechts daneben sehen Sie, dass Sie jeden Titel auch einzeln kaufen können: ●. Um sich vorab kostenlos einen ersten akustischen Eindruck von dem Musikstück zu verschaffen, klicken Sie einfach auf das jeweilige Lautsprechersymbol, etwa ●

Hierdurch wird ein neues Fenster geöffnet, über das ein kurzes Anspielen des Titels erfolgt und mit einem Klick auf ● wiederholt werden kann.

Das Fenster wird mit einem Klick auf ● wieder geschlossen.

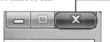

6 Sobald Sie sich zum Kauf eines Albums oder eines Musikstücks entschieden haben, genügt ein Mausklick auf das Symbol mit dem Einkaufswagen, das in beinahe allen Fenstern vertreten ist:

Daraufhin wandert das Album in Ihren virtuellen Warenkorb, und Sie können das Angebot des Internet-Musikladens weiter in Augenschein nehmen.

7 Wenn Sie zwischendurch kontrollieren wollen, was sich inzwischen alles im Warenkorb angesammelt hat, klicken Sie rechts oben im Musicload-Fenster auf die Schaltfläche ●

Dann tauchen alle Alben oder Musikstücke auf, die Sie inzwischen in den Warenkorb gelegt haben. Um einen Artikel wieder aus dem Warenkorb zu entfernen, löschen Sie ihn mit einem Klick auf ●

Sind Sie mit Ihrer Auswahl zufrieden, klicken Sie einfach auf

ZUR KASSE

.

8 Falls Sie noch nicht angemeldet sind, erscheint jetzt ein Fenster, in dem Sie sich mit E-Mail-Adresse und Kennwort identifizieren müssen.

Bitte loggen Sie sich ein!

| E-Mail-Adresse oder Benutzername: | peterprinz@live.de |
| Passwort: | •••••• |

Sollten Sie sich noch nicht für den Internetshop registriert haben, können Sie dies per Klick auf ● nachholen.

9 Nachdem Sie registriert und angemeldet sind, können Sie die ausgewählten Titel in Ihrem Warenkorb kaufen.

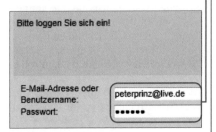

Warenkorb

Sie haben 3 Artikel in Ihrem Warenkorb. Nur noch Bezahlverfahren auswählen.

In Ihrem Warenkorb befinden sich folgende Artikel ⊘

	Titel	Interpret / Autor
1.	Udo Live - Lust am Leben	Udo Jürgens
2.	Miles Smiles	Miles Davis

Kontrollieren Sie diese Liste noch einmal ganz genau: Sollte sich herausstellen, dass ein Titel versehentlich auf dieser Liste gelandet ist, können Sie ihn auch an dieser Stelle noch problemlos entfernen, indem Sie ganz rechts in der Zeile auf das Mülleimersymbol ● klicken.

10 Um die Titel, die nun im Warenkorb versammelt sind, zu kaufen, entscheiden Sie sich zunächst, wie Sie bezahlen wollen. Hier werden verschiedene Verfahren angeboten, von denen sich vor allem das Zahlen per Kreditkarte und die Überweisung per PayPal (siehe Seite 131) im Internet etabliert haben. Mit einem Mausklick, beispielsweise auf ●,

entscheiden Sie sich für die gewünschte Zahlweise, bevor Sie mit einem Klick auf

Jetzt bezahlen

die Zahlung vornehmen und die notwendigen Daten eingeben.

⚠ Vorsicht bei Zahlungen im Internet

Längst ist das Bezahlen im Internet schon zur Routine geworden. Doch gerade beim Geld sollte man vorsichtig bleiben. Schließlich zählen Sie bei der Bank nach einer Abhebung ja auch nach, obwohl Sie sicherlich Vertrauen in Ihr Bankinstitut haben. Daher sollten Sie im Internet immer überprüfen, ob der Betrag, der angeblich bezahlt werden muss, tatsächlich mit der Summe der Waren (zuzüglich Versandkosten) übereinstimmt. Und vor allem sollten Sie bei der Eingabe von Nutzernamen und Kennwort, Kreditkartennummer und Bestätigungszahl darauf achten, dass diese Angaben stets nur über sichere Internetverbindungen übermittelt werden. Sie erkennen diese sicheren Internetverbindungen daran, dass am Anfang der **Adresszeile** das sichere Übertragungsprotokoll „https" ● genannt wird,

– und nicht das Protokoll „http" (ohne zusätzliches „s"), das bei normalen Internetseiten ohne sichere Übertragung erscheint. Über solche ungesicherten Verbindungen sollten Sie niemals Daten übertragen, die anderen Personen Zugriff auf Ihre Konten und Ihr Geld geben!

Filme ansehen bei YouTube

Neben einem umfangreichen Musikangebot hält das Internet auch eine bemerkenswert große Auswahl an Filmen für Sie bereit. Das beliebteste und wahrscheinlich auch größte Angebot finden Sie bei YouTube.

1 Um die entsprechende Seite aufzurufen, geben Sie die Adresse **www. youtube.de** ●

in die Adresszeile Ihres Browsers ein und bestätigen wie gewohnt mit der ⏎-Taste. Unmittelbar danach erscheint die gewünschte Internetseite auf Ihrem Bildschirm.

2 Wie Sie sehen, bietet Ihnen die YouTube-Startseite schon allerlei Anregungen für Filme, die Sie sich möglicherweise anschauen möchten. Aber selbstverständlich können Sie auch gezielt wählen: Wenn Sie einen bestimmten Film suchen, tippen Sie einfach ein entsprechendes Suchwort in das Eingabefeld oben im Fenster ein, im Beispiel ●,

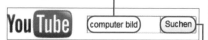

und klicken dann rechts daneben auf die Schaltfläche ●. Sie werden überrascht sein, wie viele Angebote ● YouTube daraufhin anzeigt.

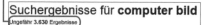

 Computer Bild - Aldi PC für 499 Euro
Computer Bild - Aldi PC für 499 Euro
von NavaraPodcasts | vor 1 Jahr | 7.743 Aufr

 Bericht über Illegale downloads im inte
bericht aus der **computer Bild** über tauschbö
von Schubladenfan | vor 2 Jahren | 21.865 Au

PC selber zusammenbauen - Compute
Das Video soll nur veranschaulichen, wie man
inzwischen veraltet. Ausführliche Anleitung: w
von MEneifal | vor 2 Jahren | 168.627 Aufrufe

3 Haben Sie ein vielversprechendes Filmchen entdeckt, klicken Sie einfach auf das verkleinerte Bild links neben der Beschreibung des Videoclips, etwa ●.

 PC selber zusammenbauen
Das Video soll nur veranschaulich
inzwischen veraltet. Ausführliche
von MEneifal | vor 2 Jahren | 168

Nach wenigen Sekunden erscheint der ausgewählt Clip auf Ihrem Bildschirm und läuft automatisch ab.

4 Natürlich haben Sie auch die Möglichkeit, den Film anzuhalten: Dazu befindet sich unten links unter dem Video die Pause-Schaltfläche ●, die Sie nur anzuklicken brauchen. Gleich daneben sehen Sie ein Lautsprechersymbol ●.

Wenn Sie es anklicken, schalten Sie den Ton aus und anschließend genauso wieder ein. Sobald der Mauszeiger auf dem Symbol ruht, öffnet sich der Lautstärkeregler ●, über den Sie mit gedrückter Maustaste die Lautstärke einstellen können.

5 Am rechten Rand der unteren Steuerungsleiste haben Sie die Möglichkeit, die Bildgröße zu verändern: Ein Klick auf die Schaltfläche ganz rechts sorgt dafür, dass das Video bildschirmfüllend dargestellt wird. Da dies bisweilen nicht zum gewünschten Ergebnis führt (zum Beispiel, weil das Video nicht die erforderliche Bildqualität hat), finden Sie links daneben noch eine Schaltfläche, mit der Sie das Bild auf die maximal sinnvolle Größe vergrößern können:

Das Internet als Videothek

Die Auswahl bei YouTube ist zwar überwältigend, aber sämtliche Angebote haben einen Nachteil: Sie sind vergleichsweise kurz - Videoclips eben. Steht Ihnen dagegen der Sinn nach abendfüllender Unterhaltung, finden Sie im Internet auch Videotheken. Dort können Sie sich Filme ausleihen oder auch kaufen.

1 Eine Internet-Videothek mit einer sehr großen Filmauswahl, die für jeden Internetnutzer nach Anmeldung zugänglich ist, heißt Maxdome. Sie erreichen die Seite unter der Internetadresse **www.maxdome.de**

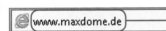

Auch hier findet sich gleich auf der Startseite eine Navigation, die Ihnen den Weg zu den wichtigsten Unterkategorien weist. So führt Sie ein Mausklick beispielsweise auf

direkt auf die Seite, auf der die neuesten Spielfilme auf Sie warten.

Der härteste Actioncast aller Zeiten!

2 Um bei Maxdome einen ganz bestimmten Film zu suchen, geben Sie einfach den Titel des Films in das Suchfeld ein. So können Sie überprüfen, ob der von Ihnen gesuchte Film bei Maxdome verfügbar ist. Wenn Sie Maxdome einfach einmal ausprobieren wollen, können Sie in das Suchfeld auch „Gratis" eingeben, um sich kostenlose Filme bei Maxdome anzeigen zu lassen.

Nachdem Sie die Suche mit einem Druck auf die ⏎-Taste in Gang gesetzt haben, werden die Filme angezeigt, hier ●.

Übrigens werden alle Gratis-Filme bei Maxdome durch einen grünen Seitenstreifen ● gekennzeichnet.

3 Wenn Sie das Cover des ausgewählten Films anklicken, erfahren Sie, welche Möglichkeiten Maxdome Ihnen zu diesem Film bietet.

So können Sie im vorliegenden Fall den

Film mit einem Mausklick auf die Schaltfläche ● kostenlos anschauen.

In der Regel kostet es aber Geld, den Film auszuleihen, wobei der Preis ● in der Schaltfläche angezeigt wird. Die Leihfrist beträgt 48 Stunden ●.

Manche Filme lassen sich auch in besserer HD-Qualität ●

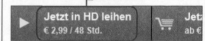

abspielen oder kaufen. Dann gilt die 48-Stunden-Grenze natürlich nicht mehr. Auch hier werden die Preise in der Schaltfläche genannt. Während Sie einen ausgeliehenen Film nur innerhalb von zwei Tagen anschauen können – allerdings so oft Sie mögen –, gehört der gekaufte Film hingegen Ihnen. Sie können ihn wiedergeben, wann immer Sie wollen, auch wenn er nur als Videodatei auf Ihrer Festplatte gespeichert ist und Sie ihn nicht auf einer DVD in die Hand nehmen können.

4 Damit Sie vorab einen Eindruck gewinnen können, lässt sich bei vielen Filmen (nicht aber bei allen) nach einem Klick auf

eine Vorschau starten. Diese Option sollten Sie auf jeden Fall nutzen, um Ihren PC für das Abspielen der Videos vorzubereiten. Wenn die Meldung

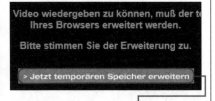

erscheint, klicken Sie auf ● und bestätigen die Abfrage mit einem Klick auf ●.

5 Der Trailer startet ebenso wie später der Film im Videofenster ●.

6 Wenn Sie auf eine Schaltfläche wie

klicken, müssen Sie sich – übrigens auch für die Wiedergabe von kostenlosen Filmen – mit Ihrer registrierten E-Mail und dem Passwort anmelden.

Sollten Sie noch nicht registriert sein, so klicken Sie auf ●,

⊡ Bedienelemente des Maxdome-Players

Das Abspielen des Trailers und auch später des Vollfilms steuern Sie direkt im Wiedergabefenster. Wenn Sie den Mauszeiger über das Videobild führen, erscheint eine Steuerleiste, über deren Regler ● Sie durch Ziehen mit der Maus die Lautstärke anpassen.

Mit einem Klick auf ● können Sie die Wieder-

gabe anhalten und an gleicher Stelle auch wieder fortsetzen, wenn Sie auf ● klicken.

Mit einem Klick auf ● schalten Sie in den Vollbildmodus, und mit einem Klick auf ● passen Sie die Breite des Films dem Bildschirm an. Auf der Zeitleiste ● können Sie die Positionsmarke ● mit gedrückter Maustaste zu der gewünschten Wiedergabestelle ziehen.

Die beiden Schaltflächen rechts und links neben dem Abspielsymbol sind übrigens im Trailermodus nicht vorhanden, dienen aber später im Video zum schnellen Szenenwechsel.

---

um einen Zugang einzurichten. Sofern Sie Kunde von 1&1 sind, genügt ein Klick auf

> **> 1&1 Daten übernehmen** ,

um sich mit den bereits gespeicherten Daten anzumelden. Tragen Sie nun die erforderlichen Angaben wie gewohnt ins Online-Formular ein, und bestätigen Sie die Eingaben mit

> **> Registrierung abschließen**

beziehungsweise einem erneuten Mausklick auf die Schaltfläche

> **> 1&1 Daten übernehmen** .

7 Für den Abschluss der **Registrierung** müssen Sie - wie beschrieben -

noch den Empfang der E-Mail bestätigen, die an Ihr Postfach geschickt wird. Öffnen Sie hierfür die E-Mail, und klicken

Sie in der Nachricht auf den Link ●, um ihre Zugangsdaten zu aktivieren.

```
Hallo Herr Prinz,

vielen Dank für Ihre Registrierung un
größter Online-Videothek.

Damit Sie maxdome ab sofort nutzen kö
Ihren Zugang zu aktivieren:

http://www.maxdome.de/confirmaccount/

Wichtiger Hinweis:
Bitte nehmen Sie die Aktivierung Ihre
```

> Hallo Herr Peter Prinz,
> Ihr Account ist jetzt erfolgreich aktiviert.

Nun können Sie die Videos auf Maxdome anschauen. Zu den Gratis-Filmen gelangen Sie im Willkommen-Fenster mit einem Klick auf

> Zum Gratis-Angebot.

Bücher finden im Internet

Selbst wenn Sie einer „echten" Buchhandlung mit kompetenten Buchhändlern, die Sie ausführlich und individuell beraten, immer noch den Vorzug geben: Auch über das Internet können Sie Bücher finden. Freunde klassischer Literatur werden beispielsweise beim Project Gutenberg fündig. Dieses Projekt, das seit über 40 Jahren digitale Ausgaben von Büchern sammelt und wesentlich älter ist als seine Dependance im Internet, hat sich zum Ziel gesetzt, im Internet freie Versionen von Büchern anzubieten. Das heißt allerdings auch, dass es sich hierbei nur um Bücher handelt, deren Copyright abgelaufen ist. Aktuelle Titel suchen Sie hier also vergeblich.

1 Sie erreichen die Internetseite des Gutenberg-Projekts, indem Sie die Adresse **www.gutenberg.org** in Ihren Browser eingeben und wie gewohnt bestätigen.

⚠ Beachten Sie das Urheberrecht

Ebenso wie Musik und Filme nicht einfach kopiert und veröffentlicht werden dürfen, gilt dies auch für Bücher. Die Rechte an einem Text liegen grundsätzlich beim Urheber. Allerdings kann er das Recht der Veröffentlichung und kommerziellen Verwertung seines Textes übertragen, meist an einen Verlag, heutzutage aber durchaus auch an eine Internetseite, die das Werk dann publiziert. Vor allem wenn noch Überarbeiter und Übersetzer ins Spiel kommen, ist nicht immer leicht zu durchschauen, wer welche Rechte am Text hat. Allerdings hat der Schutz in Deutschland nur eine Dauer von 70 Jahren. Anschließend können die Werke verwendet werden. Hierauf basiert auch die größte Zahl der Veröffentlichungen im Project Gutenberg.

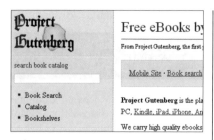

2 Wie Sie sehen, ist die Startseite des Project Gutenberg in englischer Sprache gehalten. Das muss Sie jedoch nicht weiter irritieren: Tippen Sie einfach den Namen des gesuchten Autors ins Suchfenster oben links ein, im Beispiel ●,

und bestätigen Sie die Eingabe wieder mit der ⏎-Taste.

3 Nun werden Sie feststellen, dass die Suchfunktion des Project Gutenberg recht großzügig arbeitet: Neben den Werken von Heinrich Heine werden auch Bücher von Heinrich Hoffman ● oder Heinrich Mann ● angezeigt. Da die verfügbaren Werke von Heinrich Heine jedoch ebenfalls auf der Ergebnisliste stehen, ist das nicht weiter dramatisch.

4 Per Mausklick auf den gewünschten Titel, beispielsweise ●,

gelangen Sie direkt zur **Download**-Seite.

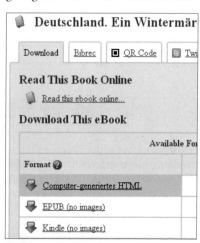

5 Hier stehen Sie nun vor der Wahl, in welchem Textformat Sie den gewählten Titel laden möchten. Die einfachste

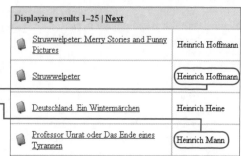

Lösung ist es, auf ● zu klicken.

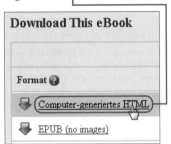

Hierbei handelt es sich um das Dateiformat HTML, in dem Internetseiten gespeichert werden. Also erscheint das Werk nach wenigen Sekunden wie eine Internetseite im Browser auf Ihrem Bildschirm. Erschrecken Sie nicht: Am Anfang der angezeigten Seite finden Sie jede Menge - juristisch wahrscheinlich notwendiger - Hinweise. Rollen Sie die Seite mithilfe der **Bildlaufleiste** einfach etwas nach unten, dann finden Sie schon das gewünschte Buch.

CAPUT I

Im traurigen Monat November war's,
Die Tage wurden trüber,
Der Wind riß von den Bäumen das Laub,
Da reist ich nach Deutschland hinüber.

Und als ich an die Grenze kam,
Da fühlt ich ein stärkeres Klopfen
In meiner Brust, ich glaube sogar

⊞ Texte von Internetseiten in die Textverarbeitung kopieren

Das gesamte Buch, das Sie bei Project Gutenberg geöffnet haben, wird im Browser auf einer einzigen Internetseite dargestellt. Sollte es Ihnen zu lästig sein, das Buch auf diese Weise zu lesen, können Sie den gesamten Inhalt dieser Seite in die Windows-Zwischenablage und von dort beispielsweise in Ihre Textverarbeitung kopieren. Dazu markieren Sie den gesamten Text, indem Sie gleichzeitig die [Strg]-Taste und die Taste [A] drücken. Kopieren Sie den Text nun, indem Sie die [Strg]-Taste zusammen mit der Taste [C] betätigen. Starten Sie anschließend Ihre Textverarbeitung, und fügen Sie die Seite mit der Tastenkombination [Strg]-Taste und [V] ein. Dann können Sie das Buch nach Belieben weiter verarbeiten – etwa die juristischen Verweise am Anfang und am Ende der Datei löschen, eine passende Schrift und Schrift-

größe auswählen, Anmerkungen in den Text schreiben und selbstverständlich auch Zitate in andere Texte übernehmen, die Sie allerdings immer sorgfältig kennzeichnen und mit der Quelle versehen sollten.

Bücher finden mit Google

Einen ganz anderen Weg zur Literatur bietet die Suchmaschine Google: Auch hier ist man seit Jahren damit beschäftigt, Bücher online zugänglich zu machen, und kann bemerkenswerte Erfolge vorweisen.

1 Rufen Sie als Erstes, wie auf Seite 37 in Schritt 1 gezeigt, die Google-Seite auf. Um die Büchersuche zu starten, geben Sie einfach den Namen des Autors in das Suchfeld ein, im Beispiel ●. Nachdem Sie Ihre Eingabe mit der ⏎-Taste bestätigt haben, tauchen umgehend die Suchergebnisse auf: ●.

2 Links von den Suchergebnissen finden Sie eine Navigationsspalte. Wenn Sie hier auf den Eintrag ● klicken, führt Google Sie in die einschlägige Buchabteilung: ●.

3 Im Beispielfall liefert Google auf die Suchanfrage knapp viereinhalb Millionen Treffer. Das ist wenig hilfreich. Daher empfiehlt es sich, die Suche etwas einzuschränken. Ergänzen Sie im Suchfeld also beispielsweise einen konkreten Titel, etwa ●. Damit wird nicht nur die Anzahl der Treffer verkleinert, Sie finden auch die wichtigsten Ergebnisse ganz oben auf der Liste: ●.

4 Klicken Sie nun auf den ersten angebotenen Treffer, im Beispiel ●,

wird das Buch sofort „aufgeschlagen": Google hat das Buch in einer Universitätsbibliothek gefunden und gescannt und stellt Ihnen hier die Originalversion zur Verfügung.

6 Klicken Sie hier auf den ersten Treffer ,

finden Sie eine kurze Inhaltsangabe des Buches sowie ein Reihe von Rezensionen, die von Lesern des Buches verfasst wurden.

5 Anders als das Project Gutenberg hilft Google Ihnen auch weiter, wenn Sie einen aktuellen Buchtitel suchen: Geben Sie einfach den Titel als Suchanfrage ein, beispielsweise ●, bestätigen Sie wie üblich mit der ⏎-Taste, und klicken Sie anschließend in der Navigationsspalte links auf ●.

7 Aus urheberrechtlichen Gründen kann Google Ihnen den Inhalt des Buches nicht anbieten. Wenn Sie das Buch lesen wollen, erhalten Sie an dieser Stelle dennoch wertvolle Hilfe: Rechts im Fenster finden Sie einen Kasten, in dem verschiedene Online-Buchhändler aufgelistet sind. Ein Mausklick auf den entsprechenden Link, zum Beispiel ●, führt Sie direkt zum gewählten Anbieter.

Sofort erscheint eine beeindruckende Menge von Treffern.

6 Alles, was man braucht

Das Internet ist nicht nur für Privatpersonen interessant, sondern auch für Firmen aller Art. Wer etwas zu verkaufen hat, findet im Internet viele Möglichkeiten, seine Waren zu präsentieren und Umsätze zu machen. Dazu bedarf es keiner teuren Verkaufsflächen in der Fußgängerzone, und auch beim Personal kann man sparen. Die geringeren Kosten, die beim Handel im Internet anfallen, werden meist an den Kunden weitergegeben. Kein Wunder also, dass er dort immer wieder die günstigsten Angebote finden kann.

Im sechsten Kapitel dieses Buches erfahren Sie,
- wie Sie im Internet einkaufen,
- wie Sie beim größten Flohmarkt der Welt fündig werden,
- wie Sie Angebote in Ihrer Umgebung finden
- und wie Sie an die günstigsten Angebote herankommen.

Kapitel-Wegweiser

Sich im Internet-Kaufhaus orientieren

„Alles unter einem Dach": Dieser alte Kaufhaus-Werbespruch trifft auch auf die Kaufhäuser im Internet zu. Eines der größten dürfte Amazon sein: Die Handelsplattform existiert seit 1994 und war ursprünglich ein reiner Online-Buchhändler. Mittlerweile wurde das Angebot jedoch um Musik, DVDs, Elektronikartikel, Haushaltsgeräte und vieles mehr erweitert.

1 Um sich einen Überblick über das Warenangebot bei Amazon zu verschaffen, geben Sie als Erstes die Adresse ●

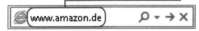

in die **Adresszeile** Ihres **Browsers** ein und bestätigen wie gewohnt mit der ⏎-Taste. Daraufhin erscheint die Startseite des Internet-Kaufhauses.

2 Wie in einem realen Kaufhaus brauchen Sie zunächst einen Wegweiser, der Sie in die unterschiedlichen Abteilungen leitet. Dieser befindet sich im Amazon-Fenster links oben: Bewegen Sie den Mauszeiger auf eine der Hauptabteilungen, etwa ●, werden rechts davon alle Unterabteilungen eingeblendet. Im Beispielfall klicken Sie hier auf den Eintrag ●

3 Daraufhin verwandelt sich die Menüführung auf der linken Bildschirmseite in eine Art Lageplan. Per Mausklick auf die einzelnen Kategorien ●

gelangen Sie in die speziellen „Abteilungen". In der Mitte des Fensters werden aktuelle Angebote angezeigt, im Beispiel ●,

auf die Amazon Sie besonders hinweisen möchte.

4 Falls Sie nicht nur zum Stöbern gekommen sind, sondern bereits wissen, von welchem Hersteller Sie etwas kaufen möchten, lohnt es sich, die Anzeige mithilfe der **Bildlaufleiste** ●

etwas nach unten zu rollen. Klicken Sie auf den Rollbalken, halten Sie die Maustaste gedrückt, und ziehen Sie den Bal-

ken mit weiterhin gedrückter Maustaste nach unten. In vielen Amazon-Abteilungen kommt dann nämlich eine Auflistung der wichtigsten Markenhersteller, deren Produkte angeboten werden, ins Blickfeld.

5 Haben Sie sich für einen Hersteller oder für eine Unterkategorie entschieden, im Beispiel ●,

brauchen Sie den jeweiligen Eintrag nur anzuklicken. Dann landen Sie beim konkreten Angebot. Hier sollten Sie zunächst einen Blick auf die Anzeige oberhalb der Produktauswahl werfen. Dort sehen Sie, wie viele Artikel in der gewählten Kategorie zur Verfügung stehen, etwa ●,

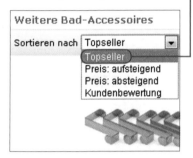

Küche & Haushalt › Wohnen & Lifest

1-24 von 3.752 Ergebnissen

und nach welchem Kriterium diese sortiert wurden, im Beispiel ●.

6 Bereits in der Produktübersicht sehen Sie eine verkleinerte Abbildung der angebotenen Artikel und darunter die wichtigsten Details: Preis, Lieferbarkeit etc. Um jetzt noch mehr Informationen zum gewählten Artikel zu erhalten, klicken Sie einfach auf die Abbildung ● oder die Beschreibung des Produkts ●.

7 Anschließend werden weitere Angaben zum jeweiligen Produkt gemacht.

So erfahren Sie zum Beispiel, wenn Sie die Anzeige mithilfe der Bildlaufleiste weiter nach unten rollen, welche Produkte andere Käufer dieses Artikels ebenfalls gekauft haben. Die vielleicht wichtigsten Informationen finden Sie dabei am unteren Ende der Produktbeschreibung, denn hier haben Kunden, die diesen Artikel gekauft haben, ihre persönlichen Eindrücke in Form von „Kundenrezensionen" hinterlassen.

Kundenrezensionen

9 Rezensionen

5 Sterne:	(6)	**Durchschnittlich**
4 Sterne:	(1)	★★★★☆ (9 Kun
3 Sterne:	(1)	
2 Sterne:	(0)	
1 Sterne:	(1)	

Die hilfreichsten Kundenrezensionen

18 von 18 Kunden fanden die folgende Rez

★★★★★ **Einzigartig - ich will mehr da**

Von **gernshopperin "Julia Mark"** ☑ (Ham

Rezension bezieht sich auf: **LED Leucht Badeente**
Farbwechselspiel wasserdich Batterien austausch

Badeenten gibt es ja zuhauf. Erst kamen d
doofen, die kitschigen, die billigen, die edle
Krönung der Badeenten-Schöpfung.

⊞ Rasch zurück und weitergucken

Nun kann es beim Besuch im Kaufhaus durchaus sein, dass der Gang, den man soeben betreten hat, zu Produkten führt, die nun wirklich nicht gebraucht werden. Dann sollte man sich rasch umdrehen und zurückgehen, bevor solch ein Staubfänger noch im Einkaufskorb landet. Und diese Kehrtwende geht beim Browser noch schneller als im Warenhaus: Klicken Sie einfach oben links im Fenster auf das Pfeilsymbol ●. Schon wandern Sie eine Internetseite zurück. Und beim nächsten Klick noch eine. Und wenn Sie es dann doch nicht lassen können und noch einmal gucken

wollen, beispielsweise ob die orange Plastikente noch da ist, dann blättern Sie per Klick auf ● genauso komfortabel wieder nach vorn, hinein ins Kaufvergnügen.

Dieser rasche Seitenwechsel vor und zurück funktioniert selbstverständlich nicht nur beim Einkauf, sondern beinahe überall im Internet.

Ein bestimmtes Produkt bei Amazon suchen

Wer bei Amazon einen virtuellen Einkaufsbummel unternimmt, muss nicht bei Wind und Wetter in die Stadt, sondern kann ganz gemütlich zu Hause auf Shoppingtour gehen. Besonders praktisch ist so ein Internet-Kaufhaus jedoch dann, wenn Sie ganz gezielt ein bestimmtes Produkt suchen und nicht wissen, in welchem Geschäft genau es zu bekommen ist. Dann können Sie sich mit einem Online-Kauf unter Umständen viel unnötige Lauferei ersparen.

1 Zur schnellen und gezielten Suche im Amazon-Angebot nutzen Sie das Suchfeld oberhalb der Angebots-Anzeige. Dieses Feld ist zweigeteilt: Im linken Teil können Sie die Produktkategorie - also gewissermaßen die Abteilung

- auswählen. Klicken Sie dazu einfach auf den Pfeil ● und anschließend auf die gewünschte Kategorie, im Beispiel ●.

Um auch die Kategorien sehen zu können, die nicht in die Anzeige passen, verwenden Sie wieder die Bildlaufleiste ●, wie beispielsweise auf Seite 31 beschrieben.

2 Im rechten, längeren Teil des Suchfeldes können Sie dann ganz einfach den Namen des gesuchten Artikels eintippen, etwa ●. Auch hier steht Ihnen eine automatische Eingabehilfe zur Verfügung (siehe Seite 25). Wenn Sie hier bereits das gewünschte Produkt finden, genügt ein Mausklick auf die vorgeschlagene Eingabe, im Beispiel ●.

Ansonsten drücken Sie nach der Eingabe des Suchbegriffs einfach die ⏎-Taste. Daraufhin zeigt Ihnen Amazon sofort passende Angebote.

3 Sollten Sie es besonders eilig haben und die exakte Bezeichnung eines speziellen Produktes kennen, können Sie auch diesen Vorgang noch abkürzen: Geben Sie einfach die möglichst korrekte Produktbezeichnung in den rechten Teil des Suchfeldes ein, hier ●. Amazon präsentiert Ihnen dann umgehend alle infrage kommenden Artikel: ●.

Wie schon beschrieben, nehmen Sie interessante Angebote mit einem Klick auf ● oder ● genauer in Augenschein. Zudem erfahren Sie Produktdetails und können sich die Bewertungen anderer Käufer durchlesen.

4 Nach dem Öffnen können Sie die Offerte noch einmal einer genaueren Betrachtung unterziehen und prüfen, ob sie Ihren Vorstellungen entspricht. Hilfreich hierbei ist, dass Sie im Angebotsfenster oft Detailaufnahmen ● und auch Produktvideos ● finden,

die sich wie gewohnt per Mausklick öffnen lassen. Sollte nun der Kaufentschluss in Ihnen gereift sein, klicken Sie auf ●

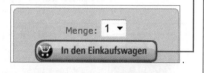

5 Das Produkt liegt jetzt im virtuellen Einkaufswagen, den Sie oben rechts auf der Amazon-Seite sehen: ●

Selbstverständlich können Sie nun weiter durch die Warenwelt streifen und den Warenkorb füllen. Um seinen Inhalt noch einmal zu kontrollieren, klicken Sie das Einkaufswagensymbol einfach an. Dann können Sie bei Bedarf per Klick auf ● Waren wieder entfernen,

für später auf die Merkliste ● legen oder als Geschenk ● verpacken.

6 Dann geht es mit einem Mausklick auf die Schaltfläche ● zur Kasse.

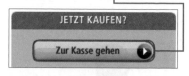

Zunächst erfolgt die obligatorische Anmeldung, für neue Kunden mit einem Klick auf ● und für alte Kunden ●

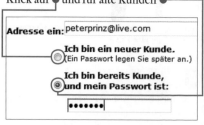

mit E-Mail-Adresse und Passwort. Nach

einem Klick auf den Eintrag

Weiter (über den Sicherheitsserver)

müssen die „Neuen" erst die üblichen Formulare für ein Kundenkonto ausfüllen, denn schließlich braucht Amazon ja unter anderem eine Adresse für den Warenversand. Die „Alten" haben dies schon hinter sich und landen gleich bei ihrer Bestellung.

7 Noch einmal besteht im Bestellformular die Chance, alles genau zu prüfen, also Zahlweise, Liefer- und Rechnungsadresse ● sowie die Bestellung ●.

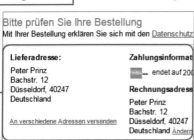

Bitte prüfen Sie Ihre Bestellung
Mit Ihrer Bestellung erklären Sie sich mit den Datenschutz

Lieferadresse:	Zahlungsinformat
Peter Prinz	... endet auf 200
Bachstr. 12	
Düsseldorf, 40247	**Rechnungsadress**
Deutschland	Peter Prinz
An verschiedene Adressen versenden	Bachstr. 12
	Düsseldorf, 40247
	Deutschland Ändern

Lieferung voraussichtlich: 2. Juli 2011

Kindle Wireless Reader, Wi-Fi, gra (6 Zoll) Display mit neuer E Ink Pea Technologie, USB-Kabel, englisch Benutzerführung
EUR 139,00
Anzahl: 1 Ändern
Verkauf durch: Amazon EU S.a.r.L.
Geschenkoptionen hinzufügen

Canon EOS 60D SLR-Digitalkamera Megapixel, Live-View, Full HD-Mov Gehäuse
EUR 912,50
Anzahl: 1 Ändern

Jede Angabe lässt sich nach wie vor mit

einem Mausklick auf den Befehl ●

Zahlungsinformation:
 ... endet auf 2008 Ändern

noch berichtigen. Und auch der Versand, bei dem Amazon das voraussichtliche Lieferdatum ● anzeigt, lässt sich noch per Mausklick ändern, wird dadurch aber meist teurer.

Wählen Sie die Versandart:

⦿ Standardversand (Bis zu 2 Werktage. Kostenlose Lieferung für Amazon Prime-Mitglieder, Büchersendungen, Bekleidung und Schuhe sowie Bestellungen über 20 EUR. Ansonsten 3 EUR.) (Siehe Details)

○ Premiumversand (Kostenlose Lieferung für Amazon Prime-Mitglieder, ansonsten Versandgebühr 6 EUR.) (Siehe Details) **Lieferung am 1. Juli 2011**

○ Morning-Express (innerhalb Deutschlands. Versandgebühr 5 EUR pro Artikel für Amazon Prime -Mitglieder, ansonsten 13 EUR.) (Siehe Details) ; **Lieferung morgen, 30. Juni 2011 bis 12:00 Uhr**

8 Mit einem Mausklick können Sie nun noch zu den ●

Datenschutzbestimmungen und der Allgemeinen Gescha

gelangen, um sie zu lesen, bevor Sie den Kauf dann per Klick auf ● abschließen.

Bestellung abschicken

Bestellungsübersicht

Artikel:	EUR 1.051,50
Verpackung & Versand:	EUR 0,00

Gesamtbetrag: EUR 1.051,50

Oben genannte Preise verstehen sich

Ein klassisches Versandhaus online: Otto

Nicht nur neue Internet-Unternehmen bieten online Waren an, auch die klassischen Versandhäuser haben das Internet längst entdeckt, wie ein Besuch beim Otto-Versand zeigt.

1 Wenn Sie sich im Internetauftritt von Otto einmal umschauen wollen, geben Sie als Erstes die Adresse ●

in die Adresszeile Ihres Browsers ein und bestätigen wie gewohnt mit der ⏎-Taste. Sofort erscheint die Startseite des Versandhauses.

2 Wie Sie sehen, unterscheidet sich der Aufbau der Otto-Seite nur unwesentlich von Amazon: Auch hier gibt es eine Navigation, die sich jedoch nicht am linken Bildrand, sondern oberhalb der Sonderangebote befindet. Klicken Sie auf einen der Haupteinträge, beispielsweise ●, und schon werden diverse Unterabteilungen angezeigt, etwa ●.

3 Selbstverständlich können Sie auch ganz gezielt nach einem bestimmten Artikel suchen. Auch dazu finden Sie oberhalb der angezeigten Angebote zwei Suchfelder. Stellen Sie sich vor, Sie suchen ein kurzärmliges Herrenhemd für den Sommer. Dann wählen Sie als Erstes im linken Feld die Abteilung aus. Klicken Sie dazu auf den Pfeil ● und in der geöffneten Liste auf den passenden Eintrag, hier ●.

4 Als Nächstes geben Sie im rechten Teil des Suchfeldes ein, welches Produkt Sie genau suchen. Auch hier finden Sie wieder eine automatische Eingabehilfe (siehe Seite 25). Per Mausklick auf den gewünschten Eintrag, im Beispiel ●,

gelangen Sie direkt zu der entsprechenden Auswahl.

5 Um das nun angezeigte Angebot weiter einzuschränken, haben Sie die Möglichkeit, die vorhandenen Produkte nach Farbe, Größe, Preis etc. zu filtern. Wenn Sie beispielsweise nach einem schwarzen Hemd suchen, öffnen Sie per Klick auf ● eine Auswahlliste und markieren dann mit einem weiteren Mausklick den passenden Eintrag, etwa ●.

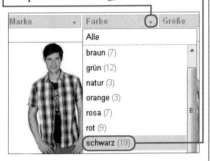

6 Sollte das Angebot immer noch zu groß für Ihren Geschmack sein, können Sie jederzeit einen weiteren Produktfilter hinzuschalten. Klicken Sie dazu zum Beispiel auf ● und in der anschließend aufklappenden Liste auf ●.

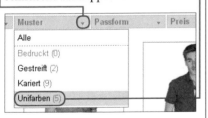

7 Egal, in welcher Fachabteilung Sie sich gerade umsehen: Die angezeigten Artikel lassen sich stets nach bestimmten Kriterien, die der jeweiligen

Artikel-Kategorie entsprechen, sortieren. Klicken Sie beispielsweise auf ● und danach in der geöffneten Auswahlliste auf den Eintrag ●, wenn das preiswerteste Produkt ganz oben erscheinen soll.

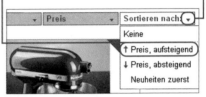

8 Eine weitere praktische Hilfe bietet der Otto-Versand, wenn Sie sich Ihrer Wahl noch nicht ganz sicher sind: Sie haben nämlich die Möglichkeit, Artikel direkt miteinander zu vergleichen. Um zwei Artikel direkt zu vergleichen, klicken Sie neben der Produktbeschreibung in das Kästchen ●. Wiederholen Sie dies beim zweiten Artikel ●,

und klicken Sie anschließend auf den unterstrichenen Link ●. Daraufhin erscheint ein neues Browser-Fenster, in dem die ausgewählten Produkte nebeneinander aufgeführt werden.

Der größte Flohmarkt der Welt: Ebay

Auch wenn die Kaufhäuser im Internet ein enormes Angebot bereithalten und einige interessante Entscheidungshilfen bieten, sind sie doch nichts anderes als die altbekannten Kaufhäuser in der Stadt – wenn auch mit dem Unterschied, dass sie nicht in der Fußgängerzone zu erreichen sind, sondern am heimischen Bildschirm. Einen anderen Ansatz verfolgt Ebay: Hier haben die Nutzer selbst die Möglichkeit, nicht nur Waren zu kaufen, sondern auch jene Gegenstände zu verkaufen, die sie nicht länger brauchen.

1 Um am Flohmarkt von Ebay teilzunehmen, rufen Sie als Erstes die Startseite auf. Geben Sie dazu die Internetadresse ●

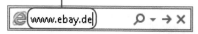

in die Adresszeile Ihres Browsers ein, und bestätigen Sie die Eingabe wie üblich mit der ⏎-Taste.

2 Abermals finden Sie die Navigation auf der linken Seite des Fensters. Dieses Mal allerdings ist sie zur besseren Übersicht auf einige ausgewählte Kategorien beschränkt. Um das komplette Angebot zu begutachten, führen Sie den Mauszeiger auf die Schaltfläche ●.

3 Sofern Sie ein bestimmtes Produkt suchen, können Sie auch bei Ebay den umständlichen Weg über die Navigation abkürzen: Tippen Sie einfach den – möglichst genauen – Produktnamen direkt ins Eingabefeld oben links ein, im Beispiel ●. Auch hier finden Sie wieder eine Eingabehilfe (siehe Seite 25).

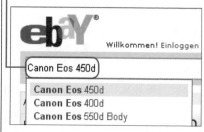

Sobald Sie Ihre Eingabe mit der ⏎-Taste bestätigt haben, listet Ebay alle Angebote auf, in denen die von Ihnen eingegebene Produktbezeichnung vorkommt. Dabei muss es sich nicht allein um das Produkt selbst handeln – es kann auch bestimmtes Zubehör zu diesem Produkt sein.

4 Rechts neben den einzelnen Produktangeboten sehen Sie, dass es verschiedene Möglichkeiten gibt, bei Ebay einzukaufen: Die erste Option im Beispielsfall ist eine jener klassischen Ebay-Auktionen, von denen Sie sicher schon gehört haben: Irgendein Ebay-Nutzer hat einen Artikel, hier eine Kamera-Ausrüstung, zu verkaufen und bietet diese bei Ebay zur Versteigerung an. Dazu finden Sie rechts neben der Produktbeschreibung Hinweise auf den aktuellen Stand der Auktion: Wie viele Gebote liegen gerade vor? ● Was ist das aktuelle Höchstgebot? ● Und: Wie lange läuft die Auktion noch? ●

5 In der Zeile darunter sehen Sie im Beispielsfall eine weitere Option. Hier will sich der Anbieter nicht das Risiko einer Auktion einlassen, ist aber gleichzeitig offen für andere Angebote: ●.

Sofort-Kaufen oder Preisvorschlag senden	EUR 550,00 Kostenloser Versand

6 An dritter Stelle schließlich finden Sie im Beispiel einen Anbieter, der nur zum Festpreis verkaufen will: Hier ist es sehr wahrscheinlich, dass Sie es nicht mit einem privaten Anwender zu tun haben, der seinen Schrank oder Keller ausräumen will, sondern mit einem professionellen Händler, der den Artikel am Lager hat und die Ebay-Plattform lediglich als Schaufenster nutzt: ●.

7 Wenn eines der Angebote Ihr Interesse weckt, klicken Sie auf das Bild oder die Produktbeschreibung, um nähere Details zu erfahren. Hier finden Sie zunächst weitere Informationen zur Auktion ●, zu Versandkosten ●

und zu den Liefer- und Zahlungsbedingungen ●. Weitere technische Informa-

☝ So informieren Sie sich richtig

Bevor Sie in Ebay eine Ware von einem privaten Verkäufer erwerben, sollten Sie sich möglichst viele Informationen über das Produkt verschaffen, ehe Sie sich zu einem Gebot durchringen. Dazu rollen Sie die Seite mithilfe der Bildlaufleiste wieder nach oben und sehen sich das entsprechende Produktfoto abermals ganz genau an. Hier finden Sie meist die Schaltfläche ●,

Eine weitere Möglichkeit, sich etwas mehr Sicherheit zu verschaffen, ist die Verkäufer-Bewertung, die rechts neben der Produktbeschreibung angezeigt wird. Hier erfahren Sie, wie andere Käufer diesen Anbieter in der Vergangenheit bewertet haben, etwa ●, wie viele Bewertungen der Verkäufer hat und ob er als privater oder professioneller Anbieter angemeldet ist, zum Beispiel ●.

Angaben zum Verkäufer
niclas2(11 ☆)

(100% Positive Bewertungen)

Diesen Verkäufer speichern
Andere Artikel anzeigen

(Angemeldet als privater Verkäufer)

mit der Sie eine oder mehrere Detailansichten ● des Produktes abrufen können. Dies erlaubt es Ihnen, zumindest oberflächlich nach Gebrauchsspuren zu forschen.

Sollte es schließlich dazu kommen, dass Sie das angebotene Produkt erwerben, wird der Verkäufer Sie auch um eine – möglichst positive – Bewertung bitten, denn damit begründet er seinen guten Ruf bei Ebay.

tionen werden sichtbar, wenn Sie die Anzeige mithilfe der Bildlaufleiste (siehe Seite 31) etwas nach unten rollen. Dort sind tabellarisch alle Produktdaten und weitere Einzelheiten aufgelistet.

Nähere Informationen zu den Versandbedingungen und dem Bezahlmodus erhalten Sie beispielsweise nach einem Klick auf ●.

8 Noch etwas weiter unten folgt in den meisten Fällen ein eher persönlicher Kommentar des Anbieters. Hier erfahren Sie häufig auch etwas über die Gründe, warum der Besitzer sich von dem angebotenen Produkt trennen will. Mindestens ebenso wichtig ist auch das „Kleingedruckte" ●, in dem Sie über weitere Details aufgeklärt werden. Dies sollten Sie ebenfalls sorgfältig lesen.

> Versand erfolgt nach Bezahlung. Ebay übernimme
> im Rahmen eines Privatverkaufs auf eine gebrauch
> und/oder verdeckten zusätzlichen Mängel. Eine Rü
> Garantierecht). Alle Angaben ohne Gewähr. Druckf

Sich bei Ebay anmelden und einkaufen

Nachdem Sie sich nun bei einem ersten Rundgang einen Eindruck vom „größten Flohmarkt der Welt" verschaffen konnten, wollen Sie möglicherweise selbst mitmachen. Dazu müssen Sie sich zunächst bei Ebay anmelden.

1 Um sich bei Ebay anzumelden, wechseln Sie wieder zur Startseite der Handelsplattform (siehe Schritt 1 des vorigen Abschnitts). Hier finden Sie oben neben dem Ebay-Logo zwei blau gekennzeichnete Verknüpfungen. Die linke ● bietet Anwendern, die bereits angemeldet sind, den direkten Zugang. Wenn Sie sich neu anmelden wollen, klicken Sie auf die rechte ●.

Willkommen (Einloggen)oder(Neu anmelden.)

2 Daraufhin erscheint ein Anmeldeformular. Im oberen Teil dieses Formulars geht es um Ihre persönlichen Daten wie Name, Adresse, Telefonnummer etc. Klicken Sie einfach in die einzelnen Felder, und tippen Sie dann die jeweils geforderten Daten ein. Beachten Sie, dass Sie alle Felder ausfüllen müssen.

Vorname	Nachname

Straße und Hausnummer

Bitte kein Postfach angeben

3 Als Nächstes haben Sie die Gelegenheit, einen Mitgliedsnamen ●

eBay-Mitgliedsnamen wählen
➔
Bitte geben Sie Ihren Mitgliedsnamen ein.

ⓘ Bieten und kaufen

Nachdem Sie angemeldet sind, haben Sie die Bedingungen erfüllt, um ein Produkt zu kaufen oder bei einer Versteigerung mitzubieten. Wie Sie ein Produkt aussuchen, haben Sie beim Rundgang im Abschnitt ab Seite 102 ja bereits erfahren. Nun können Sie der Information auch eine Aktion folgen lassen:

Öffnen Sie also einfach ein Angebot, das Sie interessiert. Geben Sie bei einer Auktion neben der Produktbeschreibung den Kaufpreis ein, den Ihnen das Angebot wert ist, etwa ●, und klicken Sie auf ●.

Die Abgabe eines Gebots erübrigt sich beim sogenannten Sofortkauf, bei dem Sie nicht erst das Ende einer Auktion abwarten müssen, sondern direkt zum Festpreis einkaufen. Um den Preis zu akzeptieren, klicken Sie auf ●.

Nun wechseln Sie bei Auktionen und auch beim Sofortkauf zum nächsten Fenster, in dem Sie die Kaufaktion noch einmal bestätigen müssen.

Sofern Sie momentan noch nicht angemeldet sind, müssen Sie sich allerdings zuvor in einem Zwischenschritt mit Ihren Kundendaten – also Mitgliedsname und Passwort ● –

identifizieren. Klicken Sie anschließend auf die Schaltfläche ●.

> ☑ Ich möchte auf diesem Computer eingeloggt b
> (Entfernen Sie das Häkchen immer, wenn der Computer von mehreren Benutzern verwendet
>
> **Einloggen**
>
> **Sind Sie noch kein eBay-Mitglied?**
>
> **Neu anmelden**

Im nachfolgenden Bestätigungsfenster erklären Sie mit einem Klick auf ●,

> **Artikel, den Sie kaufen:**
> Canon EOS 60D 60 D ***NEU
>
> **Sofort-Kaufen-Preis:**
>
> Verpackung und Versand:
> Zahlungsmethoden:
>
> **Ihr Kauf ist bindend.** Klicken Sie daher bitte
>
> (Kaufen)

dass Sie einen bindenden Kaufvertrag abgeben, oder mit ●, dass Sie an die Höhe des abgegebenen Gebots gebunden sind.

> **Ihr Gebot ist bindend.** Bestätigen Sie Ihr Gebot
>
> (Gebot bestätigen)

Sie erhalten nun beim Sofortkauf direkt eine Kaufbestätigung und bei Versteigerungen nach Ablauf der Auktionsfrist eine E-Mail, in der die weiteren Vorgehensweisen – also Bezahlung und Versand – erläutert werden.

zu wählen, der allerdings noch frei sein muss, und Ihr Passwort festzulegen. Da es bei Ebay letztlich auch um finanzielle Transaktionen geht, sollten Sie ein möglichst sicheres Passwort wählen (siehe Seite 39). Um Tippfehler auszuschließen, müssen Sie das Passwort wie üblich im Feld darunter ● erneut eingeben.

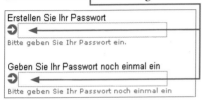

4 Schließlich geht es noch um die juristischen Formalitäten: Nachdem Sie mit einem Captcha-Code (siehe Seite 40) nachgewiesen haben, dass Sie ein echter Mensch sind, müssen Sie noch die Allgemeinen Geschäftsbedingungen sowie die Datenschutzerklärung gelesen haben und akzeptieren. Klicken Sie dazu als Erstes auf die beiden unterstrichenen Verknüpfungen ●,

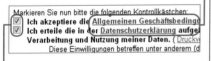

damit die Texte angezeigt werden und Sie sie lesen können. Zum Zeichen Ihres

Einverständnisses setzen Sie dann per Mausklick in die beiden Kästchen jeweils einen Haken ●. Anschließend klicken Sie auf die Schaltfläche

Ich bin einverstanden.

5 Jetzt brauchen Sie sich nur noch etwas zu gedulden, denn Ebay überprüft zunächst einmal, ob die Angaben, die Sie zu Ihrer Person gemacht haben, plausibel sind.

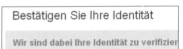

6 Ist dies erledigt, bleibt nur noch ein letzter Schritt: Ebay hat automatisch eine E-Mail an die von Ihnen genannte Adresse geschickt und macht Sie darauf aufmerksam: ●.

Rufen Sie nun Ihr E-Mail-Postfach auf, und prüfen Sie die eingegangenen Nachrichten. In der E-Mail von Ebay finden Sie eine unterstrichene Verknüpfung, die Sie nur anklicken müssen, um Ihre Anmeldung zu bestätigen.

Angebote in der Nähe finden

Auch wenn die Auswahl an Produkten sowohl bei Ebay als auch bei Amazon im- | mens ist, sollte man einen wichtigen Aspekt nicht vergessen: die Versandkosten. Und die steigen logischerweise, je größer oder schwerer eine Ware ist und je länger sie transportiert werden muss. Wenn Sie also einen größeren Gegenstand – etwa einen Schrank – kaufen oder verkaufen wollen, dann empfiehlt es sich, dies im unmittelbaren Umkreis der eigenen Stadt zu tun. Denn was nützt es, einen Käufer für einen Schrank zu finden, wenn der Interessent 600 Kilometer entfernt lebt? Hier helfen Ihnen Kleinanzeigen-Portale weiter.

1 Ein solches Kleinanzeigen-Portal ist dhd24, das Sie unter der Internetadresse **www.dhd24.com** erreichen. Auch hier finden Sie gleich auf der Startseite eine große Auswahl von Produktkategorien.

2 Am wichtigsten ist jedoch die Navigationsspalte am rechten Rand der Seite. Hier sind zahlreiche Ortsnamen aufgelistet. Nach einem Mausklick auf den gewünschten Städtenamen, beispielsweise ●, können Sie gezielt Angebote in Ihrer Region suchen.

3 Um Ihnen die Suche zu erleichtern, werden zunächst wieder zahlreiche Produktkategorien angezeigt, die sich dieses Mal alle auf Angebote aus Ihrer Umgebung beziehen, im Beispiel ●.

Klicken Sie hier auf die Kategorie Ihrer Wahl, im Beispiel ●.

4 Daraufhin erscheinen alle Angebote, die dhd24 in dieser Kategorie aufzuweisen hat, etwa ●.

Gleichzeitig sehen Sie rechts von der Produktbeschreibung, wie weit der Anbieter von dem von Ihnen genannten

Standort entfernt ist und wie lange das Angebot bereits besteht, im Beispiel ●.

iit	400,-	42329	31.05.
		Wuppertal	
nthrazit		20 km	
m Santana			

5 Wie üblich öffnet ein Klick auf die Produktbeschreibung oder das Produktfoto die Ansicht mit den Produktdetails. Anders jedoch als bei den anderen Handelsplattformen können Sie hier unmittelbar aktiv werden und den Käufer oder Verkäufer direkt ansprechen.

Geben Sie hier bitte Ihre Frage und wenn möglich auch Ihre Telefonnummer ein.

Anfrage per E-Mail **senden** →

› Vorsicht bei zu günstigen Preisen, zahlen Sie nicht im Voraus!

6 Dazu tippen Sie einfach Ihre Frage oder Ihr Angebot in das Fenster rechts neben der Produktbeschreibung ein, etwa ●. Fügen Sie entweder ins obere Feld Ihre E-Mail-Adresse ein, hier ●,

michamu@gmx.de

Hallo, mich würde interessieren, wie alt das Möbel ist. Sie erreichen mich per E-mail oder unter

Anfrage per E-Mail **senden** →

oder geben Sie Ihre Telefonnummer an, damit der Verkäufer/Käufer Ihre Frage auch beantworten kann. Beenden Sie Ihre Anfrage per Klick auf die Schaltfläche ●. Und bedenken Sie: Genau wie beim Einkauf vor Ort ist die Kommunikation zwischen Käufer und Verkäufer im Endeffekt das beste Mittel, um Missverständnisse zu vermeiden.

⚠ Wissenswertes für **Käufer und Verkäufer**

Handelsplattformen sind nie frei von schwarzen Schafen. Bei den meisten Anbietern handelt es sich aber um ganz normale Privatpersonen und ebenso normale Händler, die einfach das Internet als großen Marktplatz für sich entdeckt haben. Wenn Sie sich intensiver mit den Themen Kaufen und Verkaufen beschäftigen möchten, Ebay-Kaufstrategien kennenlernen und erfahren wollen, worauf es sich zu achten lohnt, so kann Ihnen das COMPUTER BILD-Taschenbuch „Bieten und Anbieten bei Ebay" ● (Ullstein Taschenbuchverlag, Berlin 2008, ISBN-13: 978-3548412740) ausführliche Informationen liefern.

Wer hingegen den Handel auf verschiedenen Plattformen wie Ebay, Amazon oder der eigenen Internetseite zu seinem Hobby oder Geschäft machen möchte, dem bringt das COMPUTER BILD-Taschenbuch „Mein erster Onlineshop" ● (Ullstein Taschenbuchverlag, Berlin 2009, ISBN-13: 978-3548412948) fundierte Hintergründe und alles Wissenswerte.

Die günstigsten Angebote ausfindig machen

Die Chancen, im Internet ein Produkt zum Schnäppchenpreis zu ergattern, stehen nicht schlecht: Der Verkäufer muss keine teuren Ladenmieten etc. zahlen und kann auch einiges an Personalkosten sparen. All dies ermöglicht günstige Preise. Allerdings gibt es auch schwarze Schafe unter den Verkäufern. Diese haben kein Interesse an günstigen Preisen, sondern hoffen einfach darauf, dass Sie sich über den Tisch ziehen lassen. Damit dies nicht geschieht, bietet das Internet spezielle Portale, mit denen Sie die Preise unterschiedlicher Anbieter vergleichen können.

1 Eines dieser Preisvergleichs-Portale erreichen Sie unter der Internetadresse **www.guenstiger.de**. Auch hier finden Sie gleich auf der Startseite eine breite Palette von Produktkategorien, unter denen Sie die gewünschte per Mausklick auswählen, im Beispiel ●.

2 Wenn Sie kein spezifisches Produkt suchen, haben Sie nun die Möglichkeit, die Auswahl weiter einzugrenzen. Dazu klicken Sie neben der jeweiligen Option auf den Pfeil, beispielsweise ●,

und wählen in der dann aufklappenden Liste den gewünschten Eintrag aus, im Beispiel vielleicht eine spezielle Auflösung, die die von Ihnen gesuchte Digitalkamera haben soll.

3 Suchen Sie hingegen ein ganz bestimmtes Produkt, können Sie die (möglichst genaue) Produktbezeichnung auch direkt in das Eingabefeld „Produktsuche" links oben eintippen, beispielsweise ●.

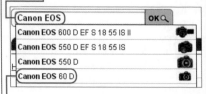

Auch hier steht Ihnen wieder eine Eingabehilfe zur Verfügung (siehe Seite 25) in der sie einfach das gewünschte Produkt ● anklicken.

4 Nun erhalten Sie zunächst ein paar Produktinfos ● und erfahren - ganz wichtig - den günstigsten Preis, den diese Suchmaschine für Ihr Produkt ermittelt hat, etwa ●.

Canon EOS 60D	ab € 872,00

im **Marketplace**

Digitale Spiegelreflexkamera, Digitale Spiegelreflexkamera: N
Effektiv 18 MegaPixel, Auflösung: 5.184 Pixel x 3.456 Pixel, 3" L
1.040.000 Pixel LCD-Monitor Auflösung, Display schwenkbar,
Pixel Bild-Sensor, Sensor: 22,3 x 14,9 mm CMOS-Sensor, Bild
DCF, DPOF, EXIF 2.2, JPEG, RAW, Belichtungszeit: 30 s - 1/8.0
Belichtungskorrektur (automatisch), +/-5 manuelle Belichtungs

5 Wenn Sie es gern etwas genauer wissen wollen, rollen Sie die Seite mithilfe der Bildlaufleiste einfach etwas nach unten: Dort finden Sie eine Auflistung aller Online-Shops, die das Produkt Ihrer Wahl anbieten, einschließlich eines ersten Hinweises auf die Verfügbarkeit des Produktes, die Versandkosten ● und den Kaufpreis ●.

eise ab € 889,00		☐ Preise inkl
▲▼	**Versand**	**Preis € ▲▼**
	Bestellware, Abholung in ca. 100 Filialen; Bei Int	921,64* 01.06.2011
4460B034AA	▇ Versand: frei! sofort ab Lager	927,00* 01.06.2011
	☐ Versand: 10,95 Ware ist bestellt	927,00* 01.06.2011
kamera - SLR - 18,0 Mp	▇ Versand: 31,39 Artikel sofort lieferbar	927,90* 01.06.2011
se	▇ Versand: 6,99 sofort lieferbar	929,00* 01.06.2011
se	▇ Versand: 9,90 sofort lieferbar	949,00* 01.06.2011
Gehäuse , 4460B034AA	▇ Versand: 9,95 kein Termin	949,00* 01.06.2011

Um den Gesamtpreis - also Kaufpreis

inklusive der zu erwartenden Versandkosten - angezeigt zu bekommen, markieren Sie oberhalb der Liste das Kontrollkästchen ● mit einem Mausklick. Da diese Versandinformation - wie alle anderen Angaben ohne Gewähr - aber bisweilen deutlich von den tatsächlichen Kosten abweicht, lohnt es sich eher, direkt beim Anbieter nachzuschauen. Finden Sie also ein Angebot, das Ihnen zusagt, genügt ein Mausklick in derselben Zeile auf ●, um die Seite des Anbieters aufzusuchen.

6 Ehe Sie dies allerdings tun, kann es mitunter hilfreich sein, sich unterhalb der Anbieter-Auswahl noch die Kundenbewertungen durchzulesen. Zuweilen sind diese aber auch so widersprüchlich, dass man hinterher auch nicht schlauer ist als vorher.

Meinungen zum Produkt

Ist den Preis wert!
Sehr gute Bildqualität (Schärfe, Farbdarstellung) - voraus
Objektiv, z.B. Canon 15-85, 17-85, 17-40L.... Vom 18-55 u
Besonders gut gefällt mir der neue Monitor und die sehr

👍 Ist diese Meinung hilfreich? Ja   Nein

Einfach genial
Ich möchte nur kurz die Aussage meines Vorredners auf
natürlich ärgerlich, aber das kann es auch bei Nikon geb

7 In die Ferne schweifen

Ob E-Mail, digitale Interkontinentalgespräche oder soziale Netzwerke: Im Internet stellt die räumliche Distanz zu Freunden oder Verwandten kein Problem mehr dar, sondern kann mit wenigen Mausklicks auf den Abstand zwischen zwei Schaltflächen zusammenschrumpfen. Doch das Internet kann noch mehr: Wer sich den Gang ins Reisebüro sparen will oder keine Lust hat, sich beispielsweise am Bahnhof in die lange Schlange vor der Fahrkartenausgabe einzureihen, der kann vieles ganz einfach am eigenen PC erledigen. Einzige Voraussetzungen: Sie haben einen Internetanschluss, und Sie nehmen sich genug Zeit, den Anweisungen am Bildschirm ganz in Ruhe Schritt für Schritt zu folgen. Dann kann im Prinzip nichts mehr schiefgehen.

Im siebten Kapitel dieses Buches erfahren Sie,
- wie Sie sich Informationen über ein Reiseziel beschaffen,
- wie Sie aus der Ferne schon mal einen Blick auf den Urlaubsort werfen,
- wie Sie im Internet eine Bahn- oder Flugreise buchen
- und welche Möglichkeiten es gibt, Pauschalreisen zu buchen.

Kapitel-Wegweiser

Sich über ein Reiseziel informieren

Stellen Sie sich vor, Sie möchten übers Wochenende zum Beispiel Freunde in Düsseldorf besuchen. Die Stadt kennen Sie noch nicht, und ob Sie für die vergleichsweise kurze Zeit einen Reisführer in Buchform brauchen, ist Ihnen noch nicht klar. Also schauen Sie erst einmal nach, was das Internet so an Informationen für Sie bereithält.

1 Wie so oft beginnt auch die Reise in der realen Welt bei Google: Tippen Sie einfach den Ortsnamen Ihres Reiseziels als Suchanfrage in die **Adresszeile** des **Internet Explorer**s ein, im Beispiel ●,

und drücken Sie zur Bestätigung die ⏎-Taste. Da es sich bei der Eingabe nicht um eine Internetadresse handelt, leitet der Internet Explorer die Eingabe an eine Suchmaschine - in der Regel Google (siehe Seite 25) - weiter.

2 Daraufhin liefert Google, wie nicht anders zu erwarten, eine bemerkenswerte Zahl von Internetverweisen, im Beispiel ●.

Zu Beginn finden Sie häufig einen Link zum Internetauftritt der genannten Stadt, hier also ●

3 Direkt oberhalb davon, sozusagen als erstes Suchergebnis, sehen Sie einen Kartenausschnitt, der den jeweiligen Ort zeigt. Klicken Sie einfach auf den angezeigten Kartenausschnitt.

Sollte der Ortsname weniger prominent sein als im Beispiel und demzufolge zunächst keine Karte zu sehen sein, klicken Sie stattdessen in der Google-Menüleiste auf ●

4 In beiden Fällen öffnen Sie damit das Landkarten-Angebot von Google.

Im linken Teil des Google-Maps-Fensters bietet das Programm Ihnen einige Bilder und Links zu Sehenswürdigkeiten des gewählten Ortes an.

5 Im rechten Teil des Fensters zeigt ein roter Pin auf den gesuchten Ort. Um den Maßstab der Karte weiter zu vergrößern, reicht ein Doppelklick an die Stelle, die Sie vergrößern möchten.

Dann wird der Kartenausschnitt vergrößert, der während des Doppelklicks unter dem Mauszeiger liegt.

6 Wiederholen Sie diesen Vorgang, bis Sie den gewünschten Maßstab gefunden haben. Und sollten Sie mal versehentlich über das Ziel hinausgeschossen haben: Ein Doppelklick mit der *rechten* Maustaste verkleinert den Maßstab wieder.

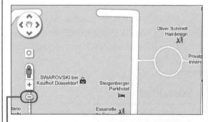

Statt der schrittweisen Vergrößerung per Doppelklick, können Sie aber auch den Zoomregler ● an der linken Seite der Karte nutzen. Ziehen Sie ihn einfach mit gedrückter Maustaste nach oben ●,

um den Ausschnitt in der Mitte des Kartenfensters detaillierter anzuzeigen. Entsprechend können Sie ihn nach unten ● ziehen, um den Kartenmaßstab zu verkleinern.

7 Mitunter haben Sie sich mit dem Kartenausschnitt vertan und wollen einzelne Straßenzüge jenseits des Ausschnitts sehen. Klicken Sie in dem Fall auf die pfeilförmigen Schaltflächen links oben in der Karte. Dann lässt sich der jeweilige Kartenausschnitt per Mausklick auf ● nach rechts und mit einem Klick auf ● nach links verschieben. Analog dazu verschieben Sie den Ausschnitt mit den entsprechenden Pfeilen nach oben oder unten.

Sich einen Ort anschauen

Ein normaler Stadtplan oder eine gewöhnliche Landkarte, die es auch in Papierform gibt, ist bei der Orientierung zweifellos schon sehr hilfreich. Richtig spannend wird es allerdings erst, wenn man eine noch unbekannte Gegend aus der Vogelperspektive in echten fotografischen Ansichten erkunden kann.

1 Im geöffneten Kartenausschnitt von Google Maps finden Sie rechts im Fenster das Symbol ●.

Wenn Sie darauf klicken, ersetzt Google die Straßenkarte umgehend durch ein Luftbild des gerade angezeigten Kartenausschnitts.

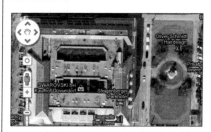

2 Dadurch erhalten Sie schon einen ersten Eindruck davon, ob es vor Ort viel Grün gibt oder wie eng die Bebauung ist. Bedenken Sie aber, dass die hier gezeigten Luftbilder nicht immer aktuell sind. Wenn Sie es noch genauer wissen wollen, können Sie nun zu einem virtuellen Stadtbummel aufbrechen, indem Sie Google „Streetview" starten. Dazu klicken Sie auf das Symbol mit dem gelben Männchen ●, das Sie im linken Teil des Bildes oberhalb des Schiebereglers ● finden.

3 Wenn Sie das gelbe Männchen-Symbol anklicken, halten Sie die Maustaste gedrückt und ziehen das Symbol mit weiterhin gedrückter Maustaste auf den gewünschten Ausschnitt des Luftbildes oder der Karte. Sobald Sie dann die Maustaste loslassen, schaltet Google auf eine Ansicht um, die von der entsprechenden Stelle aufgenommen und gespeichert wurde. Innerhalb gewisser Grenzen können Sie den Blickwinkel mit gedrückter Maustaste auch verändern.

4 Schieben Sie den Mauszeiger über das Bild, ohne gleichzeitig die Maustaste zu drücken, bietet Ihnen Google verschiedene Möglichkeiten zur weiteren Navigation: Wenn Sie auf den Pfeil ● am unteren Bildrand klicken, machen Sie ein paar Schritte in die entsprechende Richtung. Sollte Ihnen das nicht rasch genug gehen, können Sie alternativ die kreisförmige Schaltfläche ●

nutzen: Per Klick auf den Kreis springen Sie direkt zum neuen Standpunkt.

5 Auf diese Weise können Sie einen ersten Stadtbummel unternehmen und sich über Ihr mögliches Reiseziel informieren. Vielleicht finden Sie bei dieser Gelegenheit ja auch gleich das passende Hotel: Wann immer Sie Ihren Blick auf ein Gebäude am Straßenrand richten, blendet Google die Postanschrift ein – wenn auch nur als Näherungswert, im Beispiel ●.

Eine Autofahrt planen

Nachdem Sie sich, wie in den beiden vorigen Abschnitten gezeigt, über Ihr Reiseziel informiert haben, können Sie schon die Route von Ihrem Wohnort zu Ihrem Ziel ermitteln.

1 Klicken Sie dazu als Erstes im linken Teil des **Programmfenster**s von Google Maps auf den Eintrag ●.

2 Anschließend öffnet sich ein Fenster, in dem Sie zunächst die Startadresse - also etwa Ihren Wohnort - eingeben, im Beispiel ●. Darunter folgt im entsprechenden Eingabefeld die Zieladresse, hier ●.

Dies könnte zum Beispiel die Adresse sein, die Sie bei Ihrem Bummel mit Streetview ausgekundschaftet haben. Klicken Sie danach auf die Schaltfläche ●.

3 Daraufhin ändert Google abermals die Ansicht: Im linken Fensterteil sehen Sie jetzt eine detaillierte Routenbeschreibung, in der alle wichtigen Kreuzungen, Ausfahrten etc. genannt werden.

Im rechten Teil des Fensters dagegen wurde die vorgeschlagene Route in die Karte oder ins Satellitenbild exakt eingetragen. Um sich Details der Strecke genauer anzusehen, können Sie den Maßstab wie gewohnt vergrößern (siehe Seite 114).

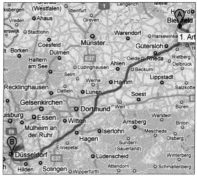

4 Schließlich sollten Sie noch einen Blick auf den Beginn der Routenbeschreibung im linken Fensterteil werfen. Denn bisweilen bietet Google auch alternative Routen an. Diese Alternativen sind zunächst nur als Text angezeigt. Bewegen Sie jedoch den Mauszeiger auf eine dieser Alternativen, im Beispiel ●,

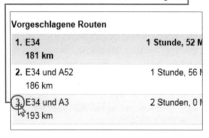

wird der entsprechend veränderte Weg

auch in der Karte rechts angezeigt, etwa ●.

Falls Ihnen diese Alternative eher behagt, reicht ein Mausklick auf den Eintrag, und auch die nachfolgende Routenbeschreibung wird entsprechend geändert.

Eine Bahnreise buchen

Sollten Sie statt der ermüdenden Autofahrt eine bequeme Bahnreise vorziehen, bietet Ihnen die Deutsche Bahn AG dazu einen einfachen Weg.

1 Wechseln Sie als Erstes auf die Internetseite **www.bahn.de**. Dort wartet bereits ein buntes Eingangsportal auf Sie.

2 In der linken oberen Bildschirmecke sehen Sie den Bereich, der für Ihre Reiseplanung wichtig ist. Hier können Sie unter anderem sowohl Auskunft über Fahrpläne erhalten als auch die Buchung selbst vornehmen.

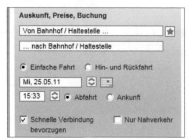

3 Geben Sie zunächst den Start- ● und den Zielbahnhof Ihrer Fahrt ein. Dabei hilft Ihnen auch die Bahn mit einer Vorschlagsfunktion (siehe Seite 25). Wählen Sie aus der Liste mit einem Mausklick den korrekten Eintrag aus, zum Beispiel ●.

Sie sollten dieses Angebot bestimmter Stationen unbedingt wahrnehmen, denn die Suchmaschine der Bahn-Auskunft lässt nur exakte Eingaben zu.

4 Als Nächstes entscheiden Sie per Mausklick, ob Sie eine einfache Fahrt ● oder eine Hin- und Rückfahrt ● wünschen.

Dann legen Sie die Reisedaten fest. Am einfachsten ist es, wenn Sie jeweils rechts neben der Datumseingabe auf die

kleine Schaltfläche ● klicken. Daraufhin öffnet sich ein Kalender, in dem Sie das Datum per Mausklick auswählen können, etwa ●.

5 Nachdem Sie die gewünschte Abfahrtszeit bestimmt haben, geben Sie schließlich noch an, wie viele Personen mit Ihnen reisen und ob Sie über eine Bahncard verfügen und – wenn ja – welche. Auch hier öffnen Sie wieder per Klick auf die Pfeil-Schaltflächen, im Beispiel ●, Auswahllisten, in denen Sie die richtigen Angaben nur mit einem Mausklick markieren müssen. Zu guter Letzt klicken Sie auf die Schaltfläche ●.

6 Nach kurzer Wartezeit präsentiert das Bahn-Portal die Ergebnisse der

Suche. Im Beispiel wurden drei alternative Angebote gefunden. Um Genaueres über eine der angebotenen Verbindungen zu erfahren, klicken Sie einfach auf die pfeilförmige Schaltfläche links neben dieser Verbindung, etwa ●.

Sofort werden Ihnen die Zug- und Gleisnummern etc. angezeigt.

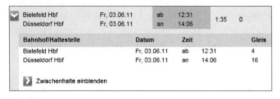

7 Sobald Sie die passende Verbindung gefunden haben, klicken Sie in derselben Zeile auf die Schaltfläche ●.

Daraufhin werden Ihnen erneut unterschiedliche Verbindungen angeboten, dieses Mal jedoch für die Rückfahrt.

8 Wie Sie sehen, gibt es meist verschiedene Preise: In der rechten Spalte finden Sie den Normalpreis, in der linken Spalte die Sonderangebote. Diese Sonderangebote sind ausgesprochen attraktiv, jedoch meist an bestimmte Bedingungen geknüpft – etwa die Bindung an einen bestimmten Zug. Mit einem Mausklick – beispielsweise auf ● – treffen Sie Ihre Wahl, um die Reisebedingungen im Einzelnen zu erfahren.

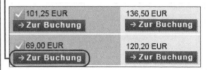

9 Nun erscheinen die verschiedenen Angebote für die gewählte Verbindung übersichtlich untereinander, wobei die einschränkenden Bedingungen der Sparangebote eingehend erläutert werden: ●. Aber auch die Normalpreise mit ihren erweiterten Optionen werden hier beschrieben: ●.

Sollten Ihnen die Sparpreisbedingungen gefallen, klicken Sie auf ●. Ansonsten wechseln Sie einfach mit einem Klick auf ● zum teureren, aber flexibleren Normalpreis.

- Ich möchte mich erstmalig anmelden
  - Nutzen Sie exklusive Services in "Me
    Reiseprofils.
  - Fragen Sie jederzeit Ihre Punkteüber
  - Buchen Sie Online-Tickets für eine a
  - Profitieren Sie von nützlichen Informa
  - Lösen Sie eCoupons bei Ihrer Buchu

Danach klicken Sie auf

→ Buchung fortsetzen

10 Im nun folgenden Fenster können Sie festlegen, ob Sie eine Reservierung wünschen und – wenn ja – welche Sitzplätze Sie bevorzugen.

12 Anschließend müssen Sie noch einige persönliche Angaben machen. So wird unter anderem auch Ihre Kredit- oder EC-Kartennummer erfragt. Lesen Sie sich alles gründlich durch, und folgen Sie in Ruhe den Anweisungen. Dann können Sie sich nach wenigen Augenblicken Ihren persönlichen Fahrschein auf dem eigenen Drucker ausdrucken.

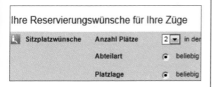

Schließlich können Sie wählen, ob Sie Ihr Ticket selbst ausdrucken wollen, ob es Ihnen per Post (und gegen Gebühr) zugeschickt werden soll, oder ob Sie es lieber auf Ihrem Handy hätten.

11 Sind alle Angaben erfolgt, geht es an die Buchung: Da Sie dies vermutlich zum ersten Mal machen, empfiehlt es sich, zunächst mit einem Mausklick die Option ● zu wählen.

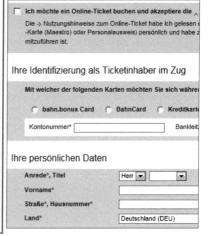

Flugverbindung suchen und buchen

Strecken, auf denen nicht nur die Auto-fahrt zu ermüdend ist, sondern die Bahn-fahrt auch zu lang, legt man gern mit dem Flugzeug zurück. Ähnlich wie die Bahn bieten Ihnen auch alle Fluglinien prakti-sche Online-Buchungsmöglichkeiten.

1 Beispielhaft soll hier eine Buchung bei der Lufthansa vorgestellt werden. Nachdem Sie die Internetadresse **www. lufthansa.com** in die Adresszeile Ihres Browsers eingegeben und wie üblich mit der ⏎-Taste bestätigt haben, wird die Startseite angezeigt.

2 Im Unterschied zum Bahn-Portal be-findet sich der Bereich, in dem Sie eine Verbindung suchen können, jedoch am rechten Bildschirmrand. Klicken Sie in das Feld ●, und geben Sie den Abflug-hafen ein. Tippen Sie anschließend rechts daneben ●

auch den Zielflughafen ein. Auch hier sollten Sie die Eingabehilfe nutzen. Wie Sie sehen, werden neben den Städtena-men auch die sogenannten IATA-Codes (etwa TXL für Berlin-Tegel oder DUS ● für Düsseldorf) akzeptiert.

3 Als Nächstes legen Sie die gewünsch-ten Reisetermine fest. Dazu öffnen Sie per Mausklick auf ● und ●

wieder einen Kalender, in dem Sie das Datum mit einem Klick markieren kön-nen. Um die Flugplanauskunft zu star-ten, brauchen Sie dann nur noch auf ● zu klicken.

4 Schon nach wenigen Augenblicken präsentiert Ihnen die Lufthansa eine Reihe von Flügen, die zu Ihren Terminwünschen passen. Wählen Sie einen der angebotenen Flüge per Mausklick aus, beispielsweise ●,

	Rückflug Di 19 Jul	Rückflug Mi 20 Jul
Hinflug So 12 Jun	○ € 99	○ € 99
Hinflug Mo 13 Jun	○ € 99	○ € 99
Hinflug Di 14 Jun	○ € 99	○ € 99
Hinflug Mi 15 Jun	○ € 99	○ € 99
Hinflug Do 16 Jun	○ € 99	○ € 99

und klicken Sie danach einfach auf

→ **Weiter** .

5 Nachdem der Tag Ihrer Abreise feststeht, geht es nun um die konkrete Abflugzeit: Auf der nächsten Seite werden Ihnen alle Flüge angezeigt, die am gewünschten Datum stattfinden. Wählen Sie hier neben der passenden Uhrzeit, etwa ●, mit einem Mausklick den Tarif, im Beispiel ●,

und klicken Sie auf

→ **Rückflug auswählen** .

Analog dazu machen Sie anschließend die notwendigen Angaben für Ihren Rückflug.

6 Daraufhin werden Ihnen die gewählten Flugdaten angezeigt. Auch die wichtigsten Tarifkonditionen sollten Sie an dieser Stelle unbedingt noch mal durchlesen.

Di 14 Jun	08:30	Düsseldorf	09:35	Berlin, Te
Fr 1 Jul	17:35	Berlin, Tegel	18:40	Düsseldo

Gesamtpreis	
Flugpreis (pro Person)	**Steuern, Gebühren & sons** (pro Person) ?
138.00	+ 134.33

Danach folgt ein Mausklick auf die Schaltfläche

→ **Weiter** .

7 Nun beginnt der eigentliche Buchungsvorgang mit der Abfrage Ihrer persönlichen Daten.

Düsseldorf (DUS) Nach Berlin (BER) : Di 14 Jun								
Von	**Nach**			**Reiseze it**	**Economy Saver**	i	**Economy Basic**	i	**Econo Flex**
06:40 Düsseldorf	07:45 Berlin, Tegel	LH2726 ⊝		1h05			○ € 100.26	○ € 2
07:20 Düsseldorf	08:25 Berlin, Tegel	LH2728 ⊝		1h05			○ € 152.26	○ € 2
08:30 Düsseldorf	09:35 Berlin, Tegel	LH2730 ⊝		1h05			◉ € 152.26	○ € 2
Währungsrechner				Umbuchung:	nicht enthalten		EUR 50	koster
				Erstattung:	nicht enthalten		nicht enthalten	koster

Auch hier sollten Sie alle Formulare gründlich lesen und ausfüllen, ehe Sie den Vorgang mit einem Klick auf

→ Weiter

fortsetzen.

8 Nun müssen Sie, wie auch bei anderen Online-Käufen, noch bezahlen. Ob die Zahlung über eine Abbuchungserlaubnis, eine Kreditkartenbelastung oder über PayPal (siehe Seite 131) erfolgt, entscheiden Sie per Mausklick auf die entsprechende Option ●.

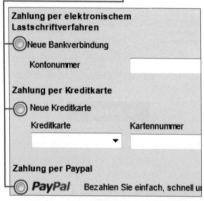

Zahlung per elektronischem Lastschriftverfahren

○ Neue Bankverbindung

Kontonummer

Zahlung per Kreditkarte

○ Neue Kreditkarte

Kreditkarte   Kartennummer

▼

Zahlung per Paypal

○ **PayPal** Bezahlen Sie einfach, schnell u...

Die jeweils notwendigen Daten tragen Sie dann in den dazugehörigen Eingabefeldern ein.

9 Da Sie ein elektronisches Ticket (ein sogenanntes etix) erworben haben, das erst kurz vor Reisebeginn von Ihnen selbst beispielsweise am Automaten am Flughafen ausgedruckt wird, müssen Sie auf der Internetseite noch angeben, wie

Sie sich identifizieren wollen, beispielsweise ●.

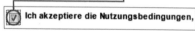

r anzugebenden Karte gespeichert.

it (Mit meiner zur Zahlung genutzten Kreditkarte ▼)

hlte Identifizierungsnachweis für alle Checkins nd der gesamten Reise mitgeführt werden.

Beachten Sie, dass Sie den hier angegebenen Identifizierungsnachweis auf der Reise bei sich haben müssen.

10 Nachdem Sie sich per Klick ins Kontrollkästchen ●

☑ Ich akzeptiere die Nutzungsbedingungen,

mit den Nutzungs- und den Beförderungsbedingungen einverstanden erklärt haben, reicht ein Mausklick auf

→ Ja, Ticket kaufen

um den Kauf abzuschließen.

⬛ Buchung lieber im Reisebüro?

Sollten Sie es übrigens vorziehen, die eigentliche Buchung lieber im Reisebüro Ihrer Wahl durchzuführen, können Sie den Buchungsvorgang – ebenso wie den Buchungsvorgang der Bahn – jederzeit abbrechen. Am besten drucken Sie die gewünschte Verbindung aus, schließen dann einfach das Browser-Fenster und machen sich anschließend mit den Fahr- bzw. Flugplandaten zum Reisebüro auf.

Eine Pauschalreise buchen

Mitunter haben Sie vielleicht keine Lust oder Zeit, sich um einzelne Bausteine Ihrer geplanten Reise zu kümmern. Eben da setzen Reiseveranstalter an, indem Sie Ihnen ein „Rundum-Paket" schnüren, das Ihnen alle Organisation abnimmt. So gut wie alle Reiseveranstalter bieten heute die Möglichkeit, eine Pauschalreise im Internet zu buchen.

1 Um zum Beispiel bei TUI online eine Pauschalreise zu buchen, geben Sie die Internetadresse **www.tui.com** in die Adresszeile Ihres Browsers ein und bestätigen wie gewohnt mit der ⏎ - Taste. Auf der Startseite, die sich daraufhin öffnet, klicken Sie auf den Eintrag ●

2 Das weitere Verfahren entspricht im Prinzip demjenigen bei der Buchung von Bahn- und Flugreisen. Nachdem Sie also alle notwendigen Angaben gemacht haben, folgt ein Klick auf die Schaltfläche

Angebote suchen.

Da in der Regel nach kurzer Wartezeit zu viele Angebote aufgelistet werden, empfiehlt es sich, die Suche einzuschränken.

Klicken Sie dazu einfach auf

Suche ändern.

3 Nun können Sie gezielt einzelne Kriterien festlegen, damit die Auswahl überschaubarer wird. Um sich etwa für eine bestimmte Hotelkategorie zu entscheiden, klicken Sie im entsprechenden Bereich auf den Pfeil ● und dann auf die gewünschte Anzahl von Hotelsternen, beispielsweise ●.

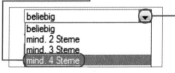

Wenn Sie alle Auswahlkriterien definiert haben, reicht ein Klick auf der erweiterten Suchseite auf

Angebote suchen.

4 Daraufhin wird Ihnen die Wahl leichter fallen, da weniger Reiseangebote aufgeführt werden. Auch nachdem Sie sich entschieden haben und der Buchungsprozess beginnt, gilt: Sie können den Vorgang jederzeit abbrechen, indem Sie die Internetseite per Klick auf ● schließen.

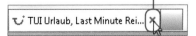

125

8 Was kostet die Welt?

Information, Kommunikation und Unterhaltung – all das bietet das Internet, und das meiste davon ist sogar kostenlos. Allerdings nicht alles: Wenn Sie einen Film bei Maxdome ausleihen wollen, ein Schnäppchen bei Ebay oder Amazon machen möchten, oder wenn Sie beabsichtigen, online ein Bahn- oder ein Flugticket zu kaufen – früher oder später werden Sie logischerweise zur Kasse gebeten. Wie immer, wenn es ums Geld geht, gibt es hier einige grundsätzliche Vorsichtsmaßregeln zu beachten. Denn gerade im Internet kann ein Schnäppchen sonst schnell mal zu bösem Erwachen führen.

Im achten Kapitel dieses Buches erfahren Sie,
- worauf Sie beim Zahlungsverkehr im Internet grundsätzlich achten sollten
- und welche Möglichkeiten es zum sicheren Zahlungsverkehr gibt.

Kapitel-Wegweiser

Zahlungsverkehr im Internet

Wann immer Sie im Internet eine Ware kaufen oder eine Dienstleistung in Anspruch nehmen wollen, ist Vorsicht angesagt. Denn anders als im „richtigen Leben" stehen Sie dem Anbieter nicht persönlich gegenüber, sondern sehen nur das, was er Sie sehen lässt. Und das sind letzten Endes nur Buchstaben, Zahlen und Fotos auf Ihrem Bildschirm. Während Sie sich also im normalen Alltag mit eigenen Augen überzeugen können, ob ein Ladengeschäft einen seriösen Eindruck macht, oder sich im Bekanntenkreis nach dem Ruf des Händlers erkundigen können, sind Sie in der Online-Welt auf sich selbst gestellt. Gesundes Misstrauen ist also nicht übertrieben.

Vorsicht bei Super-Schnäppchen!

1 Ob bei Ebay, bei Kleinanzeigen-Portalen oder per E-Mail: Immer wieder kommt es vor, dass Sie mit Angeboten konfrontiert werden, die einfach zu schön sind, um wahr zu sein. Bleiben Sie ruhig, und vertrauen Sie Ihrem Instinkt:

Meist sind solche Angebote tatsächlich nicht „wahr".

Canon EOS 50D Gehäuse (ohne Objektiv) B-Ware 50 D	**EUR 299,99**

2 Leider kursieren immer noch jede Menge Anekdoten und Geschichten, wonach der Bekannte eines Bekannten im Internet eine Stereoanlage im Wert von etlichen 1000 Euro für wenige 100 Euro erstanden hat. Solche Zufälle sind zwar nie ganz auszuschließen, doch sollten Sie auf derartige Super-Schnäppchen mit derselben Skepsis reagieren, mit der Sie auch einem fliegenden Händler begegnen würden, der Ihnen an einer Autobahnraststätte eine teure Armbanduhr für ein paar Euro anbietet. Zur Sicherheit sollten Sie sich bei einer Preissuchmaschine wie **www.guenstiger.de** (siehe Seite 112), **www.billiger.de**, **www.idealo.de** oder **www.geizhals.at/de** informieren, was der gängige Marktpreis für ein derartiges Angebot ist.

Canon EOS 50D Gehäuse (ohne Objektiv) B-Ware 50 D	Verkäufer mit Top-Bewertung	Sofort-Kaufen	**EUR 699,99** Kostenloser Versand
Rücknahmen: Akzeptiert			
Canon EOS 50D Gehaeuse		Sofort-Kaufen oder Preisvorschlag senden	**EUR 749,00** +EUR 6,00 Versand
Rücknahmen: Akzeptiert			

3 Besonders häufig werden solche Super-Schnäppchen per E-Mail angeboten. Diese unerwünschten Werbe-E-Mails werden gemeinhin als „Spam" bezeichnet. Meiden Sie solche Angebote unbedingt, denn hier ist Betrug so gut wie garantiert!

> *Klassische Armbanduhren fuer Alltag, Designermodelle fuer Abend - schaffen Sie Ihr Look.*
>
> Sommer ist Zeit der AEnderungen. Fuegen Sie Ihrem Image Besonderheit hinzu. Klassische, sportliche und originelle Armbanduhren sind alle von hoher Qualitaet und sehen genau wie Brandartikel aus.

Vielfach finden Sie in diesen Spam-E-Mails im Kleingedruckten auch einen Hinweis, der Ihnen verspricht, Ihre Adresse aus dem Verteiler zu entfernen, wenn Sie auf eine Schaltfläche wie ●

> You are receiving this email beca
> If you wish to unsubscribe and m
> (unsubscribe)

klicken. Tun Sie dies auf gar keinen Fall! Denn damit würde eine E-Mail mit Ihrer Absender-Adresse an den Spam-Versender zurückgeschickt. Da Spam-Versender häufig mit zufällig erzeugten E-Mail-Adressen arbeiten, erhält der Versender auf diese Weise eine Bestätigung, dass es sich bei Ihrer Adresse um eine funktionierende E-Mail-Anschrift handelt. Die Folge: Sie würden immer mehr Spam erhalten.

Bargeld? Besser nicht.

1 Gerade bei besonders günstigen Angeboten kommt es immer wieder vor, dass der Verkäufer Ihnen vorschlägt, die Zahlung zu vereinfachen, indem Sie ihm Bargeld zusenden – vielleicht hat er dafür sogar eine plausible Begründung anzubieten. In solchen Fällen sollten Sie grundsätzlich auf Abstand gehen: Ist das Bargeld erst einmal verschickt, können Sie es nicht mehr zurückholen, wenn die Ware nicht kommt oder nicht Ihren Vorstellungen entspricht.

Das funktioniert übrigens auch andersherum: Wenn Sie einen Artikel bei Ebay oder im lokalen Kleinanzeigen-Portal anbieten, sollten Sie ebenso der Versuchung widerstehen, die Ware zu versenden, ehe der Kaufbetrag eingegangen ist.

2 Ausnahmen bestätigen die Regel: Wenn Sie bei Ebay oder per Kleinanzeige einen Gegenstand bei einem Verkäufer erwerben, der in Ihrer Nähe wohnt, ist es nicht unüblich, einfach mal vorbeizufahren und den Austausch „Ware gegen Geld" nach klassischem Muster zu vollziehen. Hier haben Sie allerdings auch die Gewissheit, dass die Ware Ihren Erwartungen entspricht – und dass der Verkäufer ist, wer er zu sein vorgibt. Dies ist etwa dann durchaus üblich, wenn ein Verkäufer Konzertkarten anbietet, weil er den Termin in letzter Minute nicht mehr wahrnehmen kann.

Karten Metallica Konzert Veltins Arena 0
Artikelzustand: --
Restzeit: 9Std. 32Min. 55Sek. (29. Jun. 2011 23
Aktuelles Gebot: **EUR 1,50** [2 Gebote]
[ ] **Bieten**

Überweisungen, Kredit-
karten und Abbuchung

1 Um Risiken beim Zahlungsverkehr auszuschließen, bietet sich zunächst einmal die klassische Überweisung an: Die setzt nämlich voraus, dass Käufer und Verkäufer bei ihrer jeweiligen kontoführenden Bank bekannt sind. Zudem werden alle Überweisungsvorgänge bei den Banken dokumentiert und lassen sich - innerhalb gewisser Fristen - problemlos zurück abwickeln.

2 Die einfachste Möglichkeit, eine Ware - etwa bei Amazon - zu bezahlen, besteht darin, den Rechnungsbetrag über Ihre Kreditkarte abbuchen zu lassen. Hier geben Sie einfach die Daten Ihrer Kreditkarte ein: Kartennummer, Gültigkeitsdatum und eine Sicherheitszahl, die sich meist auf der Rückseite der Kreditkarte befindet.

3 Mitunter wird Ihnen zudem angeboten, dass der Verkäufer den Rechnungsbetrag direkt von Ihrem Konto abbucht. Auch dies ist einfach: Konto-

---

⚠ Vorsicht bei Bargeld-transfer!

Einen Sonderfall stellt die Überweisung über ein Bargeldtransfer-Unternehmen wie beispielsweise „Western Union" dar: Hier sollten Sie sich klarmachen, dass es nur „Überweisung" heißt und nur ein bisschen so aussieht. Tatsächlich ist das Geld, das Sie per Western Union überweisen, genauso sicher beziehungsweise unsicher wie Bargeld im Briefumschlag. Also sollten Sie Bargeldtransfers nur dann in Erwägung ziehen, wenn Sie den Empfänger persönlich kennen und ihm völlig vertrauen.

Sehr viel einfacher stellt sich die Lage dar, wenn Sie bei einem bekannten und etablierten Unternehmen einkaufen, denn hier gibt es stets Zahlungssysteme, die zuverlässig funktionieren und das Risiko minimieren.

---

nummer und Bankleitzahl sind alles, was Sie benötigen.

Weitere Zahlungsoptionen

 Eine neue Bankverbindung eingeben

Nutzen Sie Ihr deutsches oder österreichisches Ban[k] für Ihre Einkäufe Weitere Informationen

4 Dennoch sollten Sie in beiden Fällen – Kartenzahlung und Abbuchung – besondere Vorsicht walten lassen, denn wenn derart sensible Daten über das Internet ausgetauscht werden, gibt es immer ein Risiko. Mit etwas Aufmerksamkeit können Sie dieses Risiko allerdings minimieren: Ein seriöser Anbieter wird Ihnen für den Austausch dieser Daten stets eine besonders sichere Verbindung zur Verfügung stellen. Diese Verbindung wird zwar automatisch aufgebaut, lässt sich aber leicht erkennen. In der **Adress-zeile** Ihres **Browsers** beginnt die Adresse dann nicht wie üblich mit „http://..." sondern mit https://: ●.

Dies ist ein Übertragungsprotokoll, das besonders gesichert ist (das „s" steht für „**s**ecure" = sicher). Zusätzlich werden solche Verbindungen noch durch ein kleines Schlosssymbol ● gekennzeichnet.

Achtung bei Post von der Bank

1 In diesem Zusammenhang noch ein weiterer Hinweis auf Betrüger, die sich das Internet zunutze machen – allerdings ohne den Umweg über irgendwelche Super-Schnäppchen. Immer wieder

kommt es vor, dass Betrüger E-Mails verschicken, mit denen sie sich unmittelbaren Zugang auf Ihr Konto verschaffen wollen. Man nennt solche Mails „Phishing-Mails" (eine Kombination aus den englischen Wörtern „**ph**reaking" und „**fish**ing", was sich am ehesten mit „Angeln nach Passwörtern" übersetzen lässt).

> **Sehr geehrter Kunde,**
>
> Da gegenwärtig die Betrügereien mit den Bank wir genötigt, nachträglich eine zusätzliche Autor durchzuführen.
> Der Sicherheitsdienst von der ░░░░░░░░░
> Datensicherheitssystem einzuführen. Im Zusam Protokolle der Informationsübertragung, als auc erstellt.

2 Derartige E-Mails sind so aufgemacht, dass sie das Logo und das äußere Erscheinungsbild einer Bank oder einer Sparkasse täuschend echt nachahmen. Darin lesen Sie meist, dass es mit Ihrem Konto ein Sicherheitsproblem gibt, das Sie beheben können, wenn Sie auf einen Link innerhalb der E-Mail klicken und im darauf folgenden Online-Formular Ihre Kontonummer, Ihre Passwörter, PIN (**p**ersönliche **I**dentifikations**n**ummer) und TANs (Transaktionsnummern) etc. eingeben.

> zielle **Form der zusätzlichen Autorisation** au
>
> FORM AUSFÜLLEN
>
> um Schutz der Interessen von unseren Kunden e

3 Wenn eine solche E-Mail das Logo Ihrer Bank trägt, ist es nur verständlich, dass Sie in Ihrer Aufregung zwei Kleinigkeiten übersehen: die meist offensichtlichen sprachlichen Fehler innerhalb dieser Nachricht und vor allem den Umstand, dass kein Kreditinstitut der Welt Ihre Kontodaten und Geheimnummern per E-Mail abfragen würde!

> Kunde,
>
> g die Betrügereien mit den Bankkonten von unseren
> chträglich eine zusätzliche Autorisation von den Kun

Sollten Sie dennoch im Zweifel sein, wenden Sie sich also unbedingt direkt an Ihre Bank!

Ein PayPal-Konto anlegen

Viele der erwähnten Risiken kommen dadurch zustande, dass es kaum sinnvolle Zahlungsmittel und -wege gibt, die sich für den Online-Handel zwischen Privatpersonen eignen. Die Firma PayPal bietet eine Möglichkeit, diese Risiken zu minimieren. PayPal ist eine Tochtergesellschaft von Ebay: Kein Wunder, denn bei Ebay finden die meisten Online-Geschäfte zwischen Privatpersonen statt. Die grundsätzliche Idee von PayPal besteht darin, dem Käufer wie dem Verkäufer einer Ware die jeweils maximale Sicherheit zu bieten.

1 Sie finden den Internetauftritt von PayPal, wenn Sie die Adresse **www.paypal.de** in die Adresszeile Ihres Browsers eingeben und mit der ⏎-Taste bestätigen.

Um nun dort ein Konto anzulegen, klicken Sie zunächst auf die Schaltfläche ●.

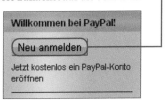

2 Anschließend werden Sie gefragt, ob Sie als Käufer oder privater Verkäufer oder als Online-Händler an PayPal teilnehmen wollen. Da Sie vermutlich als Privatperson agieren, klicken Sie links auf die Schaltfläche ●.

3 Nun müssen Sie, wie immer bei einem Anmeldeprozess, einige Angaben zu Ihrer Person machen.

Nachdem Sie dies erledigt haben, klicken Sie einfach auf ●.

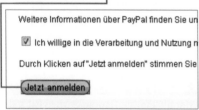

4 Als Nächstes entscheiden Sie, ob Sie sich mit Ihrem Bankkonto oder mit Ihrer Kreditkarte bei PayPal anmelden.

Je nachdem, welche Wahl Sie getroffen haben, werden dann weitere Informationen zu Ihrem Konto oder Ihrer Kreditkarte abgefragt.

5 Damit ist Ihr PayPal-Konto eröffnet. Jetzt sollten Sie sich die Zeit nehmen, die Möglichkeiten von PayPal in Ruhe kennenzulernen. Klicken Sie dazu auf die jeweilige Option, etwa ●.

Abspielformat

Es gibt verschiedene Dateiformate, in denen Musik- und Videodateien gespeichert werden. Viele Dateiformate reduzieren hierbei die Datenmenge, indem sie Klänge und Bilder auf bestimmte Weise kodieren. Diese Art der Kodierung muss das Programm oder das Abspielgerät, mit dem die Mediendatei wiedergegeben werden soll, beherrschen. Bekannte Abspielformate für Musik sind MP3, WMA und AAC.

Adresszeile

Um eine Internetseite aufzurufen, geben Sie die Adresse in die Adresszeile des → Browsers ein und bestätigen Ihre Eingabe mit der ⏎-Taste. Dadurch weiß das Internetzugriffsprogramm, wo die Informationen abgeholt werden können, die es dann in seinem Fenster anzeigt.

Antivirenprogramm

Schadprogramme, die im Internet, aber auch auf Datenträger verteilt werden, versuchen sich unbemerkt auf dem PC einzunisten, um dann – ähnlich einem Virus – auszubrechen und ihre verheerende Wirkung zu entfalten. Hierzu gehört vor allem die Zerstörung von Daten und Datenträgern. Antivirenprogramme haben die Aufgabe, solche Schadprogramme durch die Kontrolle von Programmcode aufzuspüren, bevor diese Probleme verursachen können.

Bildlaufleiste

Bildlaufleisten erscheinen meist am unteren und/oder rechten Rand des → Programmfensters. Sie ermöglichen es Ihnen, Inhalte sichtbar zu machen, die aufgrund ihrer Größe nicht in eins auf dem Bildschirm angezeigt werden können.

Browser

Ein Browser ist ein Anzeigeprogramm für das Internet, das die „Sprachen" des Internets beherrscht. Mit einem Browser können Internetseiten angezeigt und Dateien heruntergeladen werden.

Desktop-Rechner

PCs, die stationär auf der Schreibtischoberfläche (engl. „desktop") stehen, werden als Desktop-Rechner bezeichnet und so begrifflich von den tragbaren Computern wie → Notebooks, → Netbooks und Tablets oder – als kleinster Gattung – Smartphones unterschieden.

Download

Im Internet können Sie sich nicht nur Text- oder Bilddateien ansehen, sondern diese auch auf den eigenen Computer speichern, beispielsweise Programme, Spiele, Musikstücke, Bilder und Filme. Solche Dateien können Sie mit Ihrem → Browser aus dem Internet auf Ihren Computer „herunterladen". In dem Zusammenhang spricht man von Download. Teilweise wird dieser Vorgang der Übertragung von Dateien auch als „Überspielen" bezeichnet. In jedem Fall werden Daten von einem Computer zum anderen übertragen. Achtung: Da es sich auch bei Viren, Spionage- und Schadprogrammen um „Dateien" handelt, sollten Sie beim Datei-Download stets eine Portion Vorsicht walten lassen und außerdem ein → Antivirenprogramm einsetzen.

Favoriten
Damit Sie bei bevorzugten Internetseiten für den wiederholten Aufruf nicht immer die gesamte Adresse eingeben müssen, können diese als Favoriten auf dem eigenen PC oder im Netzwerk gespeichert werden. In dem Fall genügt es, den Namen des Favoriten anzuklicken, um über die ihm zugrundeliegende Verknüpfung das Ziel direkt zu erreichen.

Headset
Darunter versteht man einen durch ein Bügelmikrofon ergänzten Kopfhörer, der dem Anwender die komfortable Nutzung von Sprachdiensten erlaubt. Vor allem bei der Telefonie per Internet haben sich Headsets bewährt, da der Nutzer hierbei die Hände freihat, um gegebenenfalls mit Maus und Tastatur auf die Steuerung des Telefonats oder die Bedienung des PCs zugreifen zu können.

HTML
HTML (Abkürzung für „**H**yper **T**ext **M**arkup **L**anguage") ist das Dateiformat von Hypertext-Dokumenten im Internet. Im HTML-Format lassen sich Internetseiten und Dokumente speichern, aber auch E-Mails versenden.

Hyperlink
Hyperlinks (kurz Links) sind Verweise (Verknüpfungen) in Internetdokumenten, die zu anderen Seiten, Dokumenten oder Dateien (wie Bilder, Filme und Musik) führen und über die der Zugriff auf diese Dokumente und Dateien erfolgt. In den meisten Hypertexten werden sie blau und unterstrichen dargestellt. Per Mausklick darauf gelangt man dann zu den anderen Seiten oder Dateien.

Internet Explorer
Der bekannteste → Browser von Microsoft.

Kontextmenü
Ein Kontextmenü ist ein Menü, dessen Befehle nur in einem bestimmten Zusammenhang (Kontext) auftauchen. Ein Klick mit der *rechten* Maustaste öffnet das Kontextmenü, sodass die speziellen Befehle zur Verfügung stehen.

Kurznachrichten
Reine Textnachrichten lassen sich im

Mobilfunknetz als SMS (Abkürzung für „**S**hort **M**essage **S**ervice") versenden, wobei die einzelne Kurznachricht bis zu 160 Buchstaben haben kann. Diese lassen sich von der Anzeige solcher Handys ablesen. An dieses Format lehnt sich auch der Kurznachrichtendienst **www.twitter.com** an, bei dem den Anwendern für ihre kurzen Mitteilungen nur noch 140 Zeichen zur Verfügung stehen. Im Gegensatz zu SMS landen die Twitter-Kurzmitteilungen aber nicht auf einem adressierten Endgerät, sondern im Internet und können dort von vielen gelesen (verfolgt) werden.

Link
Kurzform von → Hyperlink.

Netbook
Eine reduzierte Variante des → Notebooks, das mit kleinerem Bildschirm, weniger Speicher und ohne optisches Laufwerk (CD / DVD) auskommt. Die kleine und leichte Bauweise prädestiniert es für den mobilen Einsatz, wo es über Funknetzwerke und oft auch über Mobilfunknetze den Zugriff auf Internetdienste ermöglicht.

Notebook
Mit solchen tragbaren Computern können Sie in der Regel auch unterwegs die gesamte Bandbreite der PC-Anwendungen ausschöpfen. Allerdings verhindert die meist schwächere Gra-

fikleistung vor allem bei Spielen eine adäquate Darstellung. Ansonsten handelt es sich bei Notebooks um das Äquivalent zu → Desktop-Rechnern, sodass sie oft ersatzweise auch im stationären Bereich eingesetzt werden.

Player
Mit einem Player können Musik, Bilder und Videos abgespielt werden, die auf Datenträgern wie Festplatten, USB-Stiften, aber auch CD / DVD oder Blu-ray gespeichert sind. Voraussetzung für die Wiedergabe ist allerdings, dass der Player das → Abspielformat, in dem die Medien gespeichert sind, unterstützt und versteht.

Profil
Im einem Profil werden in sozialen Netzen wie Facebook, My Space, Xing, Linked In oder auch Twitter die Informationen zur Person gespeichert, die als Nutzer am Netzwerk teilnimmt. Hierbei kann der Nutzer selbst entscheiden, welche Informationen er zu seiner Person einträgt und ob er den Zugang darauf gar nicht, nur seinen Bekannten (Freunden) oder der ganzen Gemeinschaft öffnen möchte. Allerdings sind die Funktionen, mit denen diese sogenannten Zugriffsrechte eingeräumt und vor allem entzogen werden, oft sehr versteckt und nur umständlich zu erreichen.

Programmfenster

Programmfenster dienen dazu, die Informationen, die der Computer ausgibt, am Bildschirm darzustellen. Darin können mehrere Programme parallel ablaufen. Um zwischen diesen verschiedenen Programmen zu wechseln, braucht der Anwender nur das gewünschte Programmfenster anzuklicken. Dann rückt es in den Vordergrund.

Registerreiter

In vielen Auswahlfenstern befinden sich am oberen Rand „Aufstecker", mit denen Sie unterschiedliche Funktionen ansteuern können. Per Mausklick auf einen solchen Registerreiter werden die dazugehörigen Funktionen angezeigt.

Registrierung

Bei der Anmeldung zu einem Internetdienst ist es in der Regel erforderlich, sich mit Namen und E-Mail-Adresse, oft auch unter Angabe von Adresse und anderen Kontaktdaten, ein Nutzerkonto einzurichten. Dieses dient dann – mit einem Kennwort geschützt – zum Zugriff auf den Dienst, beispielsweise auf ein soziales Netzwerk.

Startmenü

Das Startmenü ist praktisch der Eingang zu Ihrem Rechner. Sie finden dort alle Programme, Festplatten, Ordner und Geräte wie etwa das DVD-Laufwerk.

Suffix

Bei Dateien und auch bei Internetseiten wird durch eine Endung eine weitgehend genormte Information übermittelt. So kann man daran ablesen, ob es sich bei einer Datei um ein ausführbares Programm (z.B. exe, com, bat) oder ein Dokument (z.B. rtf, doc, xls, pdf) handelt, oder ob eine Internetseite kommerziellen Inhalt (z.B. com, biz) hat oder eher privater Natur (z.B. info, name) ist, ob sie Organisationen gehört (z.B. org, edu) oder aus welchem Land sie stammt (z.B. de, at, ch).

Taskleiste

Ein gestartetes Programm wird auch „Task" genannt. In der Taskleiste werden diese „Tasks" (also Programme, Funktionen und Fenster) angezeigt. Falls viele Fenster geöffnet sind, leidet häufig die Übersicht. Über die Taskleiste am unteren Bildschirmrand kann ohne langes Suchen auf das Programm oder Fenster zugegriffen werden.

USB

Über USB-Kabel werden heutzutage die meisten Peripheriegeräte wie Drucker, Scanner, Kameras und anderes Equipment mit dem PC verbunden. Aber auch für den Anschluss von mobilen Speichermedien (USB-Stifte, Festplatten etc.) ist die USB-Schnittstelle längst zum Standard geworden.

▼

Stichwortverzeichnis

PC abschalten –
auf Hochspannung umschalten

MICHAEL TIETZ

RATTEN
TANZ

ROMAN

Was würdest du tun,
wenn der Alptraum
beginnt?

ISBN 978-3-548-28251-0

Besuchen Sie uns im Internet:
www.ullstein-taschenbuch.de

Originalausgabe im Ullstein Taschenbuch
©2011 by COMPUTER BILD, Hamburg, und
Ullstein Buchverlage GmbH, Berlin
E-Mail: buecher@computerbild.de
Umschlaggestaltung: HildenDesign, München/Buch und Werbung, Berlin
Titelabbildung: © Ron Fehling/Masterfile
Satz und Repro: LVD GmbH, Berlin
Druck und Weiterverarbeitung: CPI – Ebner & Spiegel, Ulm
Printed in Germany
ISBN 978-3-548-41316-7